나는 고양이와도 협상한다

게임이론을 활용한 성공적인 협상가 되기
나는 고양이와도 협상한다

초판 1쇄 인쇄 2022년 8월 5일
초판 1쇄 발행 2022년 8월 12일

지은이 안준성
펴낸이 안준성
편 집 김경란
디자인 가보경

펴낸곳 도서출판 안다
등 록 2022년 6월 30일 제2022-000132호
주 소 서울특별시 서초구 서초대로 243 4층 (서초동)
이메일 junseong@hotmail.com

ISBN 979-11-979430-0-3 (03320)

• 책값은 뒤표지에 있습니다.
• 이 책은 저작권법에 따라 보호받는 저작물이므로 무단전재 및 복제를 금합니다.
• 잘못된 책은 구입하신 서점에서 바꿔드립니다.

게임이론을 활용한 성공적인 협상가 되기

나는 고양이와도 협상한다

안준성 지음

도서
출판 **안다**

서문

게임이론을 활용한 성공적인 협상가 되기

"선생님, 저랑 게임 한 번 하시겠습니까?"

넷플릭스 드라마 〈오징어 게임〉에서 모집책(공유)이 주인공 성기훈(이정재)에게 지하철역 플랫폼 벤치에서 건넨 말이다. 〈오징어 게임〉은 두당 1억짜리 서바이벌 게임이다. 총 456억 원의 상금을 타기 위해서 456명의 참가자들은 각자의 목숨을 건다.

"선생님, 잠깐 시간 좀?"
"……."
"제가 오늘 선생님께 좋은 기회를 드리고자."

같은 장면에서 모집책이 대화를 시도한다. 성기훈에게 무언가(시간과 기회)를 준다는 것이다. 일종의 거래로 여긴 성기훈은 단숨에 거절한다. 마지막으로 게임을 제안한다. 과연 차이점이 뭘까? 무언가를 주고받는 거래와 달리 게임은 서로 즐기는 것이다. 아래위로 정장을 쫙 빼입은 모집책은 예상 밖의 게임을 제안한다.

"선생님, 딱지치기 해보셨죠?"

진 사람이 이긴 사람에게 10만원을 주는 게임이다. 당시 무일푼인 성기훈에게는 꽤 큰돈이다. 바로 이 장면에서 기막힌 설득의 기술이 보인다. 상대방에게 친숙한 게임을 제시한다. 또한 상대방에게 손쉽게 이길 수 있다는 자신감까지 불어넣어 준다.

"선공을 양보하겠습니다."

마지막으로 선택권을 넘긴다. 말을 물가로 끌고 갈 뿐 억지로 물을 먹이지 않는다. 마치 쉽게 이길 수 있을 것 같은 착각을 심어준다. 딱지치기 게임에서 수십 번 연달아 진 성기훈의 얼굴은 새빨갛게 부어오른다. 판돈 10만 원을 뺨으로 때운 것이다. 승부욕으로 불타오른 성기훈은 사력을 다한다. 돈보다는 승부가 중요해진다. 10만 원을 벌기 위해서가 아니다. 뺨을 때리기 위해서다. 자신의 빨간색 딱지에 행운의 키스를 한다. 마침내 성기훈이 이긴다. 다짜고짜 뺨을 때리려고 달려든다. 모집책은 한 발 물러서며 말한다.

서문

"10만 원입니다. 축하드립니다!"
"아… 10만 원."

그렇다. 이건 내기 게임이다. 상금 10만 원이라는 게임의 룰을 잊어서는 안 된다. "O△X"가 새겨진 명함을 건넨 모집책은 마지막 한마디를 남기고 유유히 떠난다.

"빈자리가 얼마 안 남았습니다."

이 장면은 빚에 쫓기는 성기훈이 스스로 거대한 음모로 가득 찬 '오징어 게임'에 참가하도록 설득하는 과정을 자세히 보여준다. 이것은 매우 중요한 협상의 기술이다.

첫째, 동기를 부여한다. (상금 10만원)
둘째, 자신감을 불어넣어 준다. (선공 양보)
셋째, 스스로 결정하게 한다. (빈자리)

협상이란 서로 주고받는 것이다. 성공적인 협상 타결을 위해서는 상대방의 관심사와 필요를 정확히 파악해서 맞춤화된 제안(절충안)을 제시해야 한다. 협상은 상대방의 마음을 읽는 마인드 게임이다. 나는 게임이론으로 협상 전략을 분석해보기 위해서 이 책을 집필했다.

이 책은 형식과 내용면에서 두 가지 특징이 있다.

형식면에서는 대화체를 주로 사용한다. 큰따옴표(" ") 사이의 문장에 살아 있는 느낌을 최대한 살린다. 저자와 독자가 현실감 있게 대화하는 느낌을 전하기 위해서다. 일방적인 지식 전달이 아니라 대화를 통해서 문제를 해결해가는 과정을 보여주는 데 역점을 둔다. 또한 다소 어렵고 지루할 수 있는 협상이론과 게임이론을 대화체 형식으로 보다 이해하기 쉽게 설명한다.

내용면에서는 게임이론을 바탕으로 협상 전략을 소개한다. 경제학 관점이 아니라 게임이론 관점에서 문제를 새롭게 접근한다. 게임이론이란, 상대방의 결정을 미리 고려해서 자신의 결정을 내리는 전략이다. 상대적인 관점에서 절충안을 만들어가는 과정을 에피소드 또는 영화, 드라마 등의 장면을 통해서 자세히 소개한다.

이 책은 총 4장으로 구성된다.

제1장에서는 경쟁상대에 대해서 이야기를 나눈다. 모든 입장은 상대적이고 각자 자신의 입장에서 기준을 설정한다. 상대방 입장을 분석하고, 자신만의 히든카드를 활용하는 전략을 소개한다. 협상에서 주도권을 장악하는 방법을 설명한다. 상대방의 관점에서 접근하고 공감대 형성을 통해서 상대방을 설득하는 방법을 제시한다. 상대방과의 눈높이를 맞춘 후 쟁점사항을 단계적으로 해결해간다.

제2장에서는 협상이 마인드 게임인 이유를 설명한다. 이 과정에서 합리성의 역설을 쉬운 예시로 설명한다. 합리적인 사람은 이기적이고 감정적이며, 결국 상대방을 배신한다는 의미를 설명한다. 자기합리와의 늪에서 벗어나기 위해서 경쟁상대와의 신뢰구축이 중요하다. 시작이 중요하고 상대방의 취향을 이해하고 친분을 쌓기 위한 노력이 필요하다.

제3장에서는 협상의 과정에서 중요한 두 가지를 다룬다. 급변하는 상황 변화에 미리 대비해야 한다. 결정적이고 객관적인 정보를 확보하고 상대방이 중요하게 생각하는 필수조건을 통해 연결고리를 찾는다. 상대방을 설득할 때 당근과 채찍을 모두 사용한다. 자신이 원하는 방향으로 상대방이 갈 때는 보상하고 그렇지 않을 경우에는 벌을 주는 방법을 소개

한다. 당근은 미리 주고 채찍은 따끔하게 쓴다. 궁극적으로 상대방의 마음의 문을 열 수 있는 노하우가 필요하다.

제4장에서는 게임이론을 활용해서 협상의 전략을 수립하는 방법을 다룬다. 게임이론의 네 가지 요소인 참가자, 정보, 전략 및 보수를 사안별로 자세히 설명한다. 상대방이 여러 명이거나 협상 장소에 나타나지 않는 사람이 있는 경우, 최종결정권자가 누구인지를 신속히 파악하고 그에 맞게 전략을 수정 및 보완해야 한다. 상대방이 미처 알지 못하거나 관심이 없는 정보를 활용한다. 객관적인 자료일지라도 유불리를 따진 후 선별적으로 활용해야 한다. 마지막으로 지엽적인 이슈에 매몰되지 말고 큰 그림을 그리면서 어디엔가 감춰져 있는 결정적인 단서를 찾으려는 노력이 필요하다.

여러분들이 성공적인 협상가로 발돋움하는 데 이 책이 큰 도움이 되기를 바란다.

2022년 8월
안준성

차례

서문 | 게임이론을 활용한 성공적인 협상가 되기 4

Part I
모든 게임에는 경쟁상대가 있다

01
모든 입장은 상대적이다 — 15
평가 기준은 상대적이다 | 원하는 부분만 기억한다
입장 바꿔 생각하라 | 히든카드로 흔들어라

02
주도권을 장악하라 — 35
상대방 관점에서 보라 | 공감대로 설득하라
단계별로 접근하라 | 돌발변수를 대비하라

Part II
협상은 마인드 게임이다

01
합리성의 역설 — 53
자신에게 관대하다 | 논리적 오류를 수용한다
지나친 친절은 손해다 | 합리적인 사람이 배신한다

02
신뢰구축이 최우선이다 — 72
첫 단추가 중요하다 | 신뢰는 상대적이다
뒤통수 잘못 치면 당한다 | 개인의 취향을 저격하라

Part III
아는 만큼 보인다

01
상황 변화에 대비하라 — 93
결정적인 정보만 있으면 된다 | 객관적인 자료를 활용하라
필수조건을 주의하라 | 연결고리를 찾아라

02
당근과 채찍으로 설득하라 — 114
당근이 먼저다 | 관계중심으로 접근하라
압박카드를 활용하라 | 마음의 문을 열어라

Part IV
게임이론을 활용하라

01
참가자 : 사람이 먼저다 — 135
지나친 경쟁구도를 피한다 | 결정권자를 찾아라
스스로 움직이게 하라 | 새로운 주인공을 찾아라

02
정보 : 정보의 불균형을 극복하라 — 151
모르는 사실을 공략하라 | 공통분모를 찾아라
정보의 불균형을 역이용하라 | 전체를 보고 판단하라

03
전략 : 지배적인 전략 vs. 최적대응 전략 — 171
게임을 지배하라 | 상황변화를 주시하라
불확실성이 좌우한다 | 원원전략을 수립하라

04
보수 : 합리저인 젇충안을 제시하라 — 191
원점으로 돌아가라 | 진정성 있는 조건을 제시하라
상호신뢰가 필요하다 | 공동의 목표를 설정하라

Part I
모든 게임에는 경쟁상대가 있다

협상 과정에서 자신의 행위가 상대방에게
어떻게 이해되고 있는지를 명확히 확인할 필요가 있다.

모든 입장은 상대적이다

"돌돌이 본 사람 있니?"

급하게 외출을 준비하던 필자는 아이들에게 물었다. 고양이와 함께 살다 보니 하루하루가 털과의 전쟁이다. 단모종이라 털은 덜 날리는 편이지만, 노란색 고양이털은 사방에 깔렸다. 외출 전 털 제거용 돌돌이는 필수 아이템으로 자리를 잡았다. 크기별로 무려 세 개나 장만했다. 문제는 꼭 필요할 땐 하나도 안 보인다는 점이다.

'이가 없으면 잇몸으로 산다.'

급한 마음에 스카치테이프를 짧게 자른 후 검지와 중지로 둥글게 두르고 콕콕콕 찍으면서 응급조치를 했다. 오마이갓! 스카치테이프도 금세 동났다. 옷에 붙은 고양이털을 한 올 한 올 떼어내고 있는 필자를 본 초등학생 아들이 말했다.

"아빠, 흰 옷 입고 가!"

순간 여러 가지 생각이 교차했다. 주어진 상황에서 합리적인 대안이다. 고양이 털색과 비슷한 흰색 옷을 입고 가는 것이다. 다른 색에 비해서 상대적으로 눈에 덜 띄기 때문이다. 필자의 고민은 외출복에 붙어 있는 고양이털을 제거하는 것이다.

상대방 눈에 띄지 않는 것이 목적이다. 노란색 고양이털이 상대방 눈에 띄지 않기 위해서는 두 가지 방법이 있다. 옷에 붙어 있는 고양이털을 다 제거하든가 고양이 털색과 비슷한 옷을 입는 것이다. 나름 창조적인 발상이다.

완벽한 해결책은 아니지만 나름 문제해결의 실마리가 보인다. 협상에서도 비슷한 원리가 적용된다. 모든 입장은 상대적이다. 양측이 모두 받아들일 수 있는 절충안을 만들 때 바로 이 상대성 원리를 활용하면 효과적이다. 이와 관련해서 평가 기준을 어떻게 설정할 것인가도 생각해봐야 한다. 동일한 절충안이라도 평가 기준에 따라서 다른 판단이 나올 수 있기 때문이다.

평가 기준은 상대적이다

우리 동네에는 20년 된 분식점이 있다. 오랫동안 장사를 하다 보니 재미있는 에피소드가 많다. 단골들이 어른이 된 후에도 다시 찾아온다고 한다. 유치원생일 때 처음 왔었다면 대학교를 졸업할 나이가 훌쩍 넘을 것이다. 십 년이면 강산도 변한다. 이미 두 번 바뀌었다. 어느 날 벽에 붙어 있는 메뉴판을 보다가 사장님께 물었다.

"콩순이가 뭔가요?"
"콩나물과 순대를 섞은 요리죠. 앞 글자를 딴 거예요."
"현진밥은 뭔가요?"
"저희 집 인기 메뉴죠."
"현미랑 뭘 섞는 퓨전요리인가요?"
"레시피를 제안한 학생이름을 딴 거예요."
"혹시 초등학생인가요?"
"네, 콩순이에 밥을 섞는 것이죠."

동네 떡볶이집 사장님은 다양한 마케팅 기술을 독자적으로 개발해왔다. 꼬마 손님들의 장난기 섞인 제안도 인기 레시피로 승화시키는 그런 천재적인 능력의 소유자다. 어쩌면 바로 그런 탁월한 마케팅 능력이 한 우물을 오랫동안 팔 수 있게 해준 원동력인지도 모른다.

"어떤 손님들이 돌아오나요?"
"다양하죠."
"재미있는 에피소드가 있나요?"
"물론 많죠."
"화끈한 거 있나요?"

"조폭도 찾아오죠!"

순간 아차 하는 생각이 들었다. 초등학생들이 주로 찾아오는 동네 떡볶이집 사장님 입에서 조폭이라는 청불 용어가 자연스럽게 흘러나왔기 때문이다. 자세한 내용을 파악하기 위해 사실관계를 조목조목 집어봤다.

"조폭도 먹으러 온다고요?"
"그렇다니깐요.ㅎㅎㅎ"
"주로 뭘 시키나요?"
"떡볶이요!"
"말 그대로 '조폭' 떡볶이군요!"
"듣고 보니 그러네요.ㅎㅎ"
"다른 직업은 없나요?
"신부님도 찾아오죠!"
"성당 신부님이요?"
"네, 초등학생 때부터 단골이죠."

20년 전통의 떡볶이집에는 정말 다양한 직종에 종사하는 단골들이 있었다. 같은 장소에서 오랫동안 영업을 해왔지만, 다양한 단골들 덕분에 그리 심심하지는 않아 보였다. 사장님이 대뜸 물었다.

"신부님과 조폭 중에 누가 더 부담되는 줄 아세요?
"등에 용 문신을 새긴 조폭 아닐까요?"
"아뇨, 신부님이죠."

"왜요?"
"나이에 관계없이 존칭을 써야 하잖아요."
"초등학생 때부터 알던 터라 존댓말이 불편하시겠군요?"
"빙고! 바로 그거죠."

때마침 가게 밖에 손님이 찾아왔다. 처음 찾아온 듯 가게 구석구석을 열심히 둘러봤다. 연기가 모락모락 피어나는 떡볶이판을 손가락으로 가리키며 말했다.

"떡볶이 포장 되나요?"
"저흰 포장 전문입니다."
"순대 튀김도 포장이 되나요?"
"최고 인기죠."

사장님의 재치 있는 답변이 내 귀에 쏙쏙 들어왔다. 잠시 후 사장님은 양은 떡볶이판을 여러 번 휘저은 후 다시 이야기를 이어갔다.

"찾아오는 손님들의 공통점이 있어요. 혹시 뭔지 아세요?"
"친했던 손님 아닐까요?"
"아니요. 성공한 사람들만 찾아오죠."
"성공이요? 그럼 조폭은요?"
"조폭 중에서도 성공한 사람들만 찾아오죠!"
"분야별로 성공한 사람들만 다시 찾아온다는 것이죠?"
"바로 그겁니다."

Part I | 모든 게임에는 경쟁상대가 있다

성공의 기준은 과연 무엇일까? 일반적으로 성공이라고 하면 좋은 직장에 다니는 것이다. '조폭 떡볶이' 사례처럼 분야별로 다르게 적용될 수 있다. 즉, 객관적인 기준은 사회통념 상의 기준과 업종별 기준으로 세분된다. 이 같은 객관적인 기준이 좌우하지만 주관적인 기준도 중요하다. 제 눈에 안경이다. 성공감 또는 성취감을 느끼는 주관적인 기준도 제각각이다. 말 그대로 자기만족도이다.

협상의 절충안을 만들 때는 '상대적인' 평가 기준이 중요하다. 여기에는 객관적인 요소와 주관적인 요소가 모두 포함된다. 전자는 협상 참가자 모두가 받아들일 수 있는 것이고 후자는 일방적인 것이다. 일반화되지 않는 특수한 경우에 유의해야 한다.

협상 전략을 짤 때에는 '상대방의' 주관적인 판단 기준을 정확히 파악해야 한다. 아무리 객관적으로 훌륭한 절충안을 제시해도 협상 파트너의 주관적인 평가 기준에 못 미친다면 협상 타결이 어려워진다. 반대로 객관적으로 또는 사회적으로 인정받지 못하는 경우라도 상대방의 주관적인 기준으로 협상 타결이 가능할 수 있다.

원하는 부분만 기억한다

"야옹!"

우리 집 고양이가 책상 위로 펄쩍 뛰어오른다. 노트북 바로 위에 정확히 착지한다. 네 발로 키보드를 콕콕 누른다.

"지니야. 안 돼!"
"이야옹!"

방바닥에 살포시 내려놓자, 다시 용수철처럼 튀어 오른다. 지니가 키보드 위를 지나가다가 갑자기 한가운데에서 멈춰 선다.

"ㅇㅇㅇㅇㅇㅇㅇㅇㅇㅇㅇㅇㅇㅇㅇㅇㅇㅇㅇㅇㅇㅇㅇㅇㅇㅇㅇㅇㅇㅇㅇㅇㅇㅇ."

뭔가 다른 이유가 있는 게 아닐까? 잠시 생각해보니, 며칠 전 지니에게 츄르 간식을 주던 딸의 모습이 문득 떠오른다.

"지금 뭐 하니?"
"지니를 훈련시키고 있어."
"고양이는 훈련이 안 된다던데."
"개냥이는 가능해."
"개냥이?"
"강아지처럼 말을 잘 듣는 고양이야."
"오, 레알? 어떤 훈련인데?"
"지니 손! 하면 앞발을 쭉 내미는 거야."

잠시 옆에서 지켜봤다. 딸이 이름을 부르자, 지니가 앞발을 쭉 내밀었다. 고양이에 대한 나의 선입견이 산산이 깨졌다. 내침 김에 물었다.

"다른 훈련은 없니?"

"있어."
"뭔데?"
"아빠, 잘 봐!"

딸은 책가방에서 플라스틱 공기알 하나를 꺼내 든다. 잠시 공기알을 들어 흔들면서 지니의 관심을 끈 후, 거실 반대쪽 마루 한구석으로 힘껏 던졌다. 잠시 후, 지니는 쏜살같이 달려가서 공기알을 물어서 가져왔다. 예상 밖의 영특함에 놀랐다.

"우와! 지니는 천재 고양이인가봐!"
"이런 개냥이가 꽤 많아!"
"그걸 어떻게 알아?"
"유튜브 검색하면 엄청 많아."
"검색어가 뭔데?"
"고양이 물어와!"

새로운 도전을 해보고 싶은 생각이 들었다. 가자! 유튜브 골드버튼! 유튜브에서도 찾을 수 없는 정말로 신기한 훈련이 없을까? 고양이와 소통의 업그레이드?! 기발한 아이디어가 떠올랐다.

"새로운 훈련을 시켜볼까 해. 성공하면 대박 날 듯."
"뭔데?"
"지니 이름을 부르고 대답하면 사료를 주는 거야."
"글쎄, 그건 조금 힘들걸."

"왜?"
"고양이는 자기선택권을 중요시해."
"동심파괴 하지 마!"
"레알이야!"
"럭셔리 고양이집에 안 들어간 것도 그래서인가?"
"아마 그럴 거야."

 고양이 사료봉지를 양손으로 집어 들고 좌우로 비벼서 마찰음을 냈다. 부스럭 부스럭. 거친 마찰음이 온 집에 울려 퍼진다. 잠자던 옆집 고양이도 벌떡 깰 정도로 큰 소리가 났다.

"지니의 관심을 끄는 신호구나!"
"맞아. 밥을 주는 줄 알고 순간 완전 집중하지."
"이 훈련의 핵심은 부스럭 소리야."

 휙! 잠시 추억에 잠긴 사이에 지니는 다시 책상 위로 점프한다. 지니의 키보드 연습은 반복된다. 다시 생각해보니 지니의 마음이 이해가 된다. 역발상이라고 할까. 지니는 '야옹' 훈련을 자신의 입맛대로 이해한 것이다.
 집사가 "지니야!" 하고 부르면 '야옹' 인사를 하는 것이 아니라, 자기가 '야옹'하고 부르면 집사가 밥을 주는 것이다. 아인슈타인의 상대성이론과 같은 원리이다. 내가 탄 기차는 정지하고 있어도 옆에 있는 기차가 앞으로 출발하면 마치 내가 탄 기차가 뒤로 가는 느낌이 드는 것이다.
 야옹! 지니가 갑자기 운다. 노트북 위에 네 발을 교대로 올리면서 나 대신 열심히 키보드를 두드려준다. 잠시 생각을 해보니 밥을 달라는 신호를 보낸 것 같았다. 자신이 '야옹'이라고 울면 집사가 밥을 준다고 생각하는 것이다.

모든 입장은 상대적이다. 초보 집사와 브리티시 쇼트헤어는 서로 자신의 입맛에 맞게 해석한다. 고양이 입장에서는 내가 고양이를 훈련시킨 것이 아니라 고양이가 나를 훈련시킨 것이다. 훈련의 목적과 전체 과정은 무시하고 자신이 원하는 부분만을 선택적으로 받아들인 것이다.

죄 없는 자가 지니에게 돌을 던져라! 사람들도 자기중심적으로 상황판단을 한다. 자신이 원하는 부분만을 기억하고, 필요할 때 쓴다. 협상 상대방의 주관적인 판단성향을 정확히 이해하는 것이 중요하다.

협상에서도 '야옹' 훈련과 비슷한 원리가 적용된다. 협상 테이블에 나온 사람들은 자신들에게 유리한 부분만을 골라서 받아들인다. 전체 과정을 중요시하지 않고 자신에게 유리한 부분에만 관심을 갖는다. 숲을 보는 것이 아니라 자신이 좋아하는 나무만 골라서 본다. 회전초밥집에서 자신이 좋아하는 초밥의 접시만 골라 먹듯이.

협상 과정에서 자신의 행위가 상대방에게 어떻게 이해되고 있는지를 명확히 확인할 필요가 있다. 그렇지 않으면 나중에 서로 완전히 다른 주장을 할 수 있다. 고양이가 이름을 듣고 대답하는 것인지, 고양이 소리를 듣고 집사가 밥을 주는 것인지 협상 과정에서의 인과관계를 명확히 해야 한다.

입장 바꿔 생각하라

"아빠, 이게 뭐야?"
"샌드픽쳐라고 불리는 모래액자야."
"신기한데. 모래가 막 움직여."
"두 개의 유리판 사이에 물과 공기방울을 넣은 거야."

대형서점 선물코너에서 아버지와 아들이 주고받는 대화를 우연히 들었다. 초등학생으로 보이는 아들은 궁금증이 아주 많아보였다. 쨍그랑! 잠시 다른 곳을 보고 있다가 무언가 깨진 소리가 들렸다. 다시 돌아다보니 방금 전 제일 높은 진열장 위에 있던 묵직한 샌드픽처가 콘크리트 바닥에 떨어져 있었다. 두 개의 유리판은 산산조각 났고 그 안에 있던 모래는 사방으로 흩날렸다. 본능적으로 위기상황을 직감한 아들이 먼저 실드를 쳤다.

"아빠가 놓쳤잖아!"
"니가 놓쳤잖아!"

부전자전. 서로 책임을 미뤘다. 마치 교통사고 현장처럼. 서로 상대방이 잘못했다고 주장한다. 사태 해결을 위해서는 누군가는 책임을 져야한다. 잠시 후, 서점 여직원이 현장에 달려와서 바닥을 깔끔히 청소했다. 그녀는 나지막한 목소리로 아버지에게 말했다.

"판매가격의 70%를 지불하셔야 합니다."

"무슨 말씀이세요?"
"전시제품이 파손되어서 판매할 수 없기 때문입니다."
"70%는 너무 높은 거 아닌가요?"

아버지가 이의를 제기하자 여직원은 잠깐 멈칫거렸다. 그녀도 배상비율이 지나치게 높다고 생각하는 듯했다. 회사 정책이지만 개인적으로 받아들이기 어려울 수 있다. 담당직원이 고민을 하는 순간 아버지가 똑 부러지게 말했다.

"파손주의 경고문이 없었는데요!"

갑작스런 경고문 타령에 서점 직원은 약간 긴장했다. 아버지가 법을 조금 아는 사람인 것 같았다. 깨지기 쉬운 제품을 전시할 경우에는 파손주의 경고문을 꼭 붙인다. 왜 그럴까? 혹시라도 모르는 법적책임을 피하기 위해서이다. 상대방에게 잠재적인 위험요소를 알림으로써 자신의 과실 책임을 피할 수 있다.

파손주의 경고문이 없더라도 합리적인 사람이라면 주의해야 한다는 사실을 알 것이다. 이번 사건의 경우 초등학생이 연루되어 있기 때문에 서점 측이 더 불리할 수도 있다. 협상이 어떻게 진행될지가 궁금해서 계속 들어봤다. 이번에도 아버지가 콕 집어서 말했다.

"70%는 너무 높습니다."
"왜죠?"
"애초에 구입할 생각이 없었기 때문입니다."

"무슨 뜻인가요?"
"판매 가격의 70%는 사실상 강매입니다."

서점직원은 난처한 표정을 지었다. 직원의 동공은 좌우로 흔들렸다. 파손주의 경고문을 설치하지 않은 것은 분명히 담당직원의 실수이다. 서점 정책의 불합리성까지 지적하자 심리적으로 흔들려 보였다. 법적으로 따지면 대형서점 측이 불리한 상황이다. 그 순간 아버지는 결정타를 날렸다.

"입장을 바꿔 생각해보세요."

역지사지. 직선적인 표현 대신에 우회적인 표현을 선택했다. 상대방을 너무 구석으로 몰면 오히려 부작용이 발생할 수 있다. 쥐도 궁지에 몰리면 고양이를 문다. 입장이 다른 상대방을 설득하기 위해서는 충분한 공간을 주어야 한다. 곰곰이 생각할 수 있는 충분한 시간도 필요하다.
너무 상대방을 다그치면 오히려 부작용이 생길 수 있다. 구석으로 몰아가는 느낌을 주지 말고 상대방이 스스로 의사결정을 하도록 유도하는 것이 바람직하다. 말을 물가로 인도할 수 있지만 물을 억지로 먹일 수는 없다는 탈무드의 경구처럼 말이다.
잠시 후 예상하지 못한 답변이 돌아왔다.

"그냥 가세요."
"네에?"
"그냥 가시라고요!"
"정말이요?"

"제가 처리하겠습니다."

담당직원은 별다른 설명도 없이 그냥 가라고 했다. 손해배상이 필요가 없다는 말이다. 갑작스런 입장변화에 옆에서 듣던 나도 놀랐다. 담당직원의 양보에 아버지도 약간 놀란 표정을 지었다. 아들과 자신의 잘못으로 괜히 제3자가 피해를 보게 됐다는 죄책감이 들지 않았을까? 잠시 후, 아버지는 맥없이 자리를 떠나는 직원을 불러서 말했다.

"똑같은 거 하나 포장해주세요."

협상은 상대적이다. 내가 원하는 것을 얻는 것은 결국 상대방이 무엇을 원하느냐에 달려 있다. 협상 초기 단계에서 상대방과의 입장 차이를 인정하고 공동의 목표를 설정하는 것은 그리 어렵지 않다. 서로 손해 볼 것이 별로 없다. 입장 차이가 있기 때문에 서로 협상 테이블에 함께 앉아 있다는 공감대가 쉽게 형성된다. 양측 모두 협상 시작 전부터 일정 부분 예상된 의견차이다.

문제는 아무도 손해를 보려 하지 않는다는 점이다. 대부분의 경우 협상은 더 많은 것을 얻기 위한 과정으로 여긴다. 누군가 먼저 양보를 해야 협상 타결이 가능해진다. 문제는 바로 누가 먼저 양보하는가이다. 서로 양보를 하지 않고 팽팽한 긴장감만 돈다면 협상 타결은 어려워진다.

통 큰 양보가 효과적이다. 상대방이 확실히 느낄 정도로 양보하라. 서점 직원이 샌드위치 배상을 통 크게 포기한 것처럼, 상대방에게 죄책감까지 들게 하는 효과도 기대할 수 있다. 충분히 시도해볼 만한 가치가 있다.

히든카드로 흔들어라

넷플릭스 드라마 〈나르코스〉는 콜롬비아 마약왕 파블로 에스코바르의 이야기를 다룬다. 그는 메데인 지역의 조직을 모아서 '메데인 카르텔'을 만들고 미국으로 코카인을 수출하면서 엄청난 부를 축적했다.

당시 파블로는 밀수로 떼돈을 벌고 있었다. 담배, 술, 대마초 등 돈이 되는 모든 것을 거래했다. 파블로는 자신의 근거지인 메데인 지방경찰 절반을 매수하고 있었다. 하지만 콜롬비아 전체를 담당하는 연방경찰은 그의 영향력 밖인 경우가 있었다.

시즌1 첫 회에서 밀수품을 트럭에 싣고 콜롬비아 국경다리를 건너던 파블로 일행을 연방경찰이 세운다. 파블로는 자신이 매수한 국경 근무대 경찰이 감옥에 갔다는 비보를 접하고도 눈 하나 깜빡하지 않는다. 도리어 담당 경찰관의 눈을 뚫어져라 바라보며 또박또박 말한다.

"문제가 뭔가? 호세 루이스."
"내 이름을 어떻게 알지?"
"당신은 호세 루이스 헤레라 대령이지."

현장에 출동한 연방경찰 대령과 부하 여섯 명의 이름, 가족관계까지 줄줄 외우고 있다. 초반 기싸움에서 밀리지 않으려는 경찰은 큰소리로 다그친다.

"됐고! 트럭이나 열어! 시간 없어."

커다란 트럭 화물칸의 문이 활짝 열리자 그 안은 TV, 오디오 상품박스로 가득 차 있다. 마치 합법적으로 수입된 듯 판매용 상품포장 그대로. 이쯤 되면 경찰의 질문은 뻔하다.

"수입신고서는?"
"……."
"TV를 들여오려면 신고를 해야지."
"가져가!"
"미안하지만 우린 푼돈 받는 동네 경찰이 아니야."
"당신을 위한 게 아니야."
"그럼 누굴 위한 거지?"
"당신 아들."
"……."
"아들 방에 TV를 놔주면 좋아하지 않겠어?"

잠시 후 현장 책임자 헤레라 대령의 어머니 퇴원소식도 언급한다. 자신의 눈이 사방에 있고 손가락 하나만 움직여도 훤히 다 안다고 협박한다. 허세작렬! 내친김에 자신이 콜롬비아의 대통령이 될 것이라고 큰소리까지 친다. 최후통첩을 날린다.

"난 거래를 업으로 삼고 있지."
"……."
"침착하게 내 거래를 받아들이든지 아니면 대가를 치르든지 해."

바로 이 순간 그 유명한 말을 한다.

"은이야, 아니면 납이야? 그건 너희가 선택해."

뇌물을 받거나 총 맞아 죽거나 둘 중 하나를 택하라는 뜻이다. 당시 콜롬비아에서는 '은'은 뇌물을 '납'은 총알을 의미했다. 처음 들었을 땐 거꾸로 착각했다. 뱀파이어 영화에서는 '은'이 총알이기 때문이다.

파블로와 대령과의 첫 번째 협상은 싱겁게 끝난다. 파블로는 엄청난 자금력과 인맥, 정보력까지 가지고 있다. 처음부터 상대가 안 되는 게임이다. 파블로가 자신의 설득력을 높이는 기술을 눈여겨볼 필요가 있다. 단순히 뇌물을 받든지 총알을 받으라고 했다면 연방경찰들이 체포하려고 했을지도 모른다.

그의 협상력은 세밀한 정보력에서 나온다. 상대방의 이름 및 가족 신상정보까지 자세히 알고 있다는 사실은 상대방에게 큰 심적 부담이 된다. 자신뿐만 아니라 가족의 신변에 위협을 느낀 대령은 파블로 일당을 순순히 보내준다.

파블로와 대령의 두 번째 협상은 더욱 흥미롭다. 파블로의 협상 스타일은 한마디로 이렇다. 줄 때는 화끈하게, 계산은 확실하게. 어느 날 파블로는 경찰이 자신의 밀수트럭을 수색한 사실을 듣고 격노한다. 절친 구스타보가 자초지정을 설명한다.

"코카인을 390kg이나 빼앗겼어."
"농담하지 마."
"경찰이 트럭 타이어를 수색했나봐."

"경찰을 모조리 매수했는데 어떻게 빼앗긴거?"
"헤레라 대령이 갑자기 정직해졌나봐."
"얼마나 달래?"
"너무 많이."

대령이 뇌물 액수를 올려달라는 신호를 보냈다. 화가 머리끝까지 난 파블로는 지프차를 몰고 경찰서로 단숨에 돌진한다. 사무실에서 업무를 보고 있던 헤레라 대령에게 비아냥조로 인사를 먼저 건넨다.

"안녕하신가!"
"파블로 에스코바르 씨. 재협상을 해야겠어요."
"똥이나 처먹어!"

대령의 사무실에서 현장체포 된 파블로는 전혀 주눅이 들지 않는다. 오히려 체포된 후로 계속 웃고 있다. 수인번호 128482. 머리손질을 단정히 한 후, 환하게 웃으면서 머그샷을 찍는다. 유치장 투어가 끝난 뒤 헤레라 대령은 파블로를 자신의 사무실로 부른다. 수갑을 풀어주면서 친절하게 앉으라고 말한다.

"당신 트럭에서 300kg 이상이 나왔어."
"시가 4백만 달러가 넘지."
"우리한테는 15만 달러만 줬잖아."
"그게 동의한 가격이니까."

예상대로 헤레라 대령은 재협상을 원했다. 이전에 협상했던 액수가 부족하다는 것이다. 처음 만났을 때 파블로가 자신과 부하직원들에게 했던 말을 그대로 한다. 거래를 받든가 아니면 대가를 치를 것이라고 경고한다. 협박성 멘트. 재협상의 여지는 남겨둔다. 자존심이 몹시 상한 파블로는 신중하게 입을 연다.

"백만 달러 주지. 대신 조건이 있어."
"뭔데?"
"코카인 시가는 내 부하가 알려줬겠지?"

이쯤 되면 상황은 확실해진다. 파블로의 부하가 배신을 하고 대령과 손을 잡은 것이다. 내부정보를 대령에게 넘기는 대가로 인상된 뇌물 액수의 일정 부분을 요구했을 것이다. 파블로가 지불할 뇌물 액수를 나누는 구조이다. 사업적으로 영리한 파블로는 그 상황을 즉시 파악하고 협상가의 면모를 보여준다.

"누군지 말해."
"(말할까 말까 고민 중)……."
"그럼 돈을 그놈과 나누지 않아도 돼."

만약 파블로가 제발 배신자의 이름을 알려달라고 했다면 대령은 아마 입을 꼭 다물었을 것이다. 미리 예상된 시나리오이고 비밀을 지킨다는 전제하에 딜을 맺었을 것이다. 그 딜 자체를 무너뜨리는 설득력을 엿볼 수 있다. 상대방이 놀랄 정도로 액수를 높인다. 15만 불에서 100만 불로 무려 6배 이상 올렸다. 상대방이 혹할 수 있는 충분한 미끼를 던진 것이다.

자연스럽게 작은 조건을 살짝 덧붙인다. 상당히 설득력 있는 설명과 함께. 배신자와 나누기로 한 돈까지 전부 가지라는 친절한 배려도 한다. 어차피 대령이 원하는 것은 돈이다. 파블로와 다시 손을 잡음으로써 더 많은 돈을 차지할 수 있다. 상대방이 제일 원하는 것(돈)을 주고 자신이 제일 원하는 것(배신자 이름)을 얻어내는 협상의 기술을 볼 수 있다.

주도권을 장악하라

협상에서 가장 중요한 것은 무엇일까? 바로 사람이다. 같은 옷, 다른 느낌이랄까? 같은 옷이라도 입는 사람에 따라서 다르게 보인다. 같은 협상이라도 참가하는 사람에 따라서 달라질 수 있다. 상대방에 따라서 과정뿐만 아니라 결과도 달라진다.

모든 입장은 상대적이다. 문제는 입장차이가 얼마나 나는가이다. 입장차이 자체가 문제는 아니다. 입장차가 없다면 협상 자체가 처음부터 필요하지 않다. 서로 주고받을 것이 없기 때문이다. 초기 입장의 의견 차이를 어떻게 줄이는가가 바로 협상 능력이다.

각자 너무 많이 손해를 보지 않았다고 생각하는 선에서 절충안을 찾아야 한다. 균형감이 잡힌, 아니면 최소한 균형감이 잡혀 보이는 대안을 제시하는 것이 중요하다. 상대방의 필요를 정확히 이해하는 데서 시작된다.

상대방 관점에서 보라

"내 귀에 캔디, 꿀처럼 달콤해."
"니 목소리로 부드럽게 날 녹여줘."

가수 백지영의 노래 〈내 귀에 캔디〉 후렴부이다. '짐승돌' 2PM 택연의 피처링이 인상적이다. 사랑하는 사람의 목소리는 캔디와 꿀처럼 달콤해서 자신을 부드럽게 녹여준다. 눈에 콩깍지가 씌었기 때문이다. 사랑하는 사람의 모든 것은 꿀처럼 달콤하게 느껴진다. 사랑은 영원하지 않다. 유통기한이 있다. 감정이 변하면, 다르게 느껴진다.

 모든 것은 상대적이다. 내 귀엔 아름다운 멜로디가 다른 사람에게는 참을 수 없는 층간소음처럼 들릴 수 있다. 협상에도 같은 원리가 적용된다. 똑같은 상황도 보는 관점에 따라서 다르게 해석될 수 있다. 얼마 전 조용한 집필공간을 찾아 헤매다가 아내에게 물었다.

"어디 조용한 곳 없을까요?"
"커피숍 어때요?"
"사람 많을 때는 시끄러워요."
"아파트 상가에 스터디카페가 새로 생겼던데요."

아내의 제안으로 동네 스터디카페에 찾아갔다. 오픈한 지 얼마 안 되어서 실내 인테리어가 번쩍번쩍 빛났다. 사방에 깔린 CCTV와 깔끔한 책상. 일일체험을 해보기로 했다. 친절한 카페주인이 물었다.

"어떤 좌석을 원하세요?"
"글쎄요."
"독서실형과 카페형이 있습니다."
"차이가 뭔가요?"
"독서실형은 지정좌석이고, 카페형은 자유좌석이죠."
"카페형으로 할게요."

카페에서 주로 작업을 해온 터라 카페주인의 말이 끝나기 무섭게 결정을 내렸다. 마치 반사신경이 뛰어난 운동선수처럼. 지정석은 왠지 고시원 쪽방처럼 갑갑한 느낌이 들었다.

"어디에 앉을까요?"
"빈자리 아무데나 됩니다."
"맞다! 자유석이었죠."
"결정하신 후, 모니터의 해당 좌석을 이렇게 터치하시면 됩니다."

벅찬 감동을 추스르며 자리에 앉았다. 오후 시간이라 사람이 많지 않았다. 카페섹션 반대편 여러 책더미 사이로 공시생 한 명이 보였다. 열공모드를 방해하지 않으려고 배낭에서 조심스레 노트북을 꺼냈다. 뚝, 뚜뚜둑. 내 열 손가락은 힘차게 움직이기 시작했다.
틱! 티딕! 틱! 타이핑 소리가 광활한 스터디카페의 적막을 깨면서 상쾌하게 들렸다. 타이핑 소리를 들으면서 글을 쓰니까 건반을 치는 피아니스트가 된 느낌이 들었다. 왠지 글도 술술 잘 써지는 느낌마저 들었다. 잠시 후, 반대편에 앉아 있던 공시생이 뚜벅뚜벅 다가왔다.

"처음 오셨나요?"

"네."

"설명 못 들으셨나요?"

"뭘요?"

"여기에선 컴퓨터 하시면 안 됩니다."

"그런 얘기는 못 들었는데요."

"동영상 강의 시청 빼고는 안 됩니다."

"앗, 그럼 어디서 가능한가요?"

"저어기 주방에서는 됩니다."

무뚝뚝한 공시생은 카페 반대쪽 구석에 있는 주방을 손가락으로 가리켰다. 노트북과 마우스를 주섬주섬 챙겨들고 나왔다. 마치 빚쟁이한테 쫓기듯. 덕분에 네 시간 동안 주방에서 전자레인지와 커피메이커의 생활소음과 함께 지냈다. 이런 고생을 왜 하는지 자괴감마저 들었다. 웰컴백투 커피숍! 순간 내가 커피숍에 다시 와 있는 듯했다. 커피숍 소음을 피해서 스터디카페에 왔건만, 커피숍 같은 주방으로 쫓겨난 것이다.

타이핑 소리는 듣는 사람에 따라 다르게 느껴질 수 있다. 내 귀에 캔디에서 참을 수 없는 소음까지 다양하다. 커피숍에서는 다른 소음 때문에 타이핑 소리가 거의 안 들렸지만, 스터디카페에서는 타이핑 소리가 가장 큰 소음으로 금지된다. 주위가 너무 조용하기 때문이다. 모든 것이 상대적이다. 똑같은 행위지만 환경에 따라서 다르게 여겨지는 것이다.

협상에서 각자의 입장은 처음부터 다르다. 합의점 도출이 쉽지 않다는 뜻이다. 마치 반쯤 찬 컵을 보고 긍정론자와 부정론자가 다르게 해석하는 것처럼. 아직 반이나 남을 수도 있고 이제 반밖에 남지 않을 수도 있다.

협상은 다양성을 인정하는 것에서부터 시작된다. 서로 다를 수 있고, 다른 것이 문제는 아니다. 열린 마인드를 갖고 협상에 임해야 성공적인 결과를 가져올 수 있다.

긍정적인 마인드가 필요하다. 항상 자신의 입장과 행동을 상대적으로 평가해야 한다. 타이핑 소리가 카페에서는 백색소음이지만, 스터디카페에서는 층간소음처럼 상대방에게 불쾌감을 줄 수 있다. 다시 커피숍으로 돌아갔다. 최소한 이번에는 빈손은 아니다. 새로 장만한 블루투스 이어폰을 장착한 채.

"어떤 말을 원해도 다 네 귓가에 해줄게."
"너무 달콤해서 말이 말 같지가 않아."

공감대로 설득하라

국가기록원 OO기록관에 간 적이 있다. 인터넷에서 찾을 수 없었던 자료를 직접 확인해보기 위해서다. 봄날씨가 좋아서 산책하듯 유유히 걸어갔다. 점심시간이 끝날 무렵이라 행인들이 꽤 많았다. 오르막길을 걸어서 언덕에 위치한 주차장 부스를 지나치는데, 안에 앉아 있던 경비원이 갑자기 불러 세웠다.

"여긴 왜 오셨나요?"

하필 나만 꼭 집었다. 순간 당황했다. 허다한 무리들이 지나갔건만, 단한 명에게도 질문을 하지 않았다. 머릿속으로 차분히 정리를 해봤다. 내 얼굴을 처음 봐서 확인한 건 아닐까 하는 생각이 들었다. 경비원은 나름 맡은 바 본분을 다하는 것이라고 속으로 위로했다.

아무리 긍정적으로 해석하려고 해도 그의 말투는 영 기분에 거슬렸다. 상당히 권위적으로 들렸기 때문이다. 마치 절대로 오지 말아야 할 불청객이 찾아온 것 같은 뉘앙스까지 풍겼다.

"자료를 찾으러 왔는데요."

이번에 당황한 쪽은 경비원이었다. 아무런 대꾸도 못한 채 멍하니 바라만 보고 있었다. 너무 정확한 모범답안이라서 토를 달기가 어려웠을 것이다. 경비원은 도대체 내가 무엇을 하러 왔다고 생각을 한 걸까? 국가기록원에 자료를 찾으러 오는 것은 너무나 당연한 일이 아닌가! 범인을 취조하는 듯한 경비원의 목소리 톤이 계속 거슬렸다. 주차장 부스로 발길을 돌렸다.

"질문이 잘못됐습니다!"

경비원은 약간 놀란 기색이었다. 내가 공세적으로 나갔기 때문이다. 눈에는 눈, 이에는 이. 상대가 강하게 나왔으니 강하게 나가기로 했다. 영원한 갑도 없고 영원한 을도 없다. 그래 갈 때까지 가보자.

"와칸다 포에버!"

머릿속으로 신속히 경비원을 위한 맞춤형 질문지를 작성해봤다. '소크라테스 대화법'을 사용해보자. 고대 그리스 철학자 소크라테스가 질문을 통해서 상대방의 무지를 일깨워주는 방식이다. 의견이 대립되는 상대방을 설득하는 데 효과적이다.

"소속이 어디시죠?"
"네에?"
"국가기록원 소속이신가요?"
"아니요. 외부용역 직원입니다."

빙고. 드디어 경비원의 약점을 포착했다. 그가 밝히기 싫어했던 진실이 양파껍질이 벗겨지듯이 한 꺼풀씩 나오기 시작했다. 소크라테스 대화법은 계속됐다.

"여기는 어디입니까?"
"국가기록원입니다."
"무엇을 하는 곳인가요?"
"공공기록물을 관리 보존하는 곳입니다."

여기까지는 문답이 원활하게 진행됐다. 스무고개처럼. 리듬을 탔으니 흐름을 한번 끊어줄 때이다. 상대방의 논리에 허점을 콕 찍는 것이다.

"저는 여기에 왜 왔을까요?"

의문의 1패! 꿀 먹은 벙어리처럼 말이 없었다. 방금 전까지 술술 답변을 하던 사람이 말이다. 난처한 표정을 짓는 경비원에게 친절히 말했다.

"'왜'가 아니라 '어떻게'로 질문하셨어야죠."

경비원의 동공이 잠시 좌우로 흔들렸다. 심경에 변화가 생긴 것이다. 다른 사람의 입장에서 생각을 해보니 자신의 행동이 상대방에게 충분히 불쾌할 수 있다는 사실을 깨달은 것이다. 그가 의도한 바도 그게 아니기 때문이다. 낯선 사람이 찾아왔기 때문에 그냥 확인을 해본 것이다. 외부 용역 직원으로서 주어진 업무에 충실한 죄밖에 없다. 결정타를 날렸다.

"선생님이 제 입장이면 어떻겠어요?"
"기분이 안 좋았을 겁니다."

이번엔 내가 놀랐다. 그가 너무도 쿨하게 자신의 잘못을 시인했다. 전혀 예상하지 못한 결과였다. 협상 테이블에서 자신의 잘못을 인정하기는 쉽지 않다. 어떠한 상황에서든 자신의 잘못을 시인하려면 상당한 용기가 필요하다. 양측의 이해관계가 첨예하게 대립되는 상황에서는 조그마한 허점도 보여서는 안 되기 때문이다. 전략적으로 불리한 위치에 놓일 수 있다는 우려감 때문이다.

협상의 실무와는 차이가 있다. 자신의 잘못을 인정하지 않을 경우, 오히려 상대방의 신뢰를 잃는 치명적인 실수를 저지를 수 있다. 배보다 배꼽이 더 커진 것이다. 솔직히 실수를 인정하고 공감대를 형성하는 것이 효과적이다. 상대방으로부터 보다 두터운 신뢰까지 얻을 수 있는 좋은 기회가 될 수도 있다. 용기 있는 진솔한 말 한마디가 상대방을 설득하고 협상의 흐름을 유리하게 바꿀 수 있다.

단계별로 접근하라

"빨리 남편감을 찾아야지. 이제 남은 왕자도 얼마 없다."
"어느 외국 왕자가 저보다 백성을 사랑하겠어요?"
"너는 술탄이 될 수 없다!"
"……."
"천년 역사에서 그런 적이 없어."
"전 평생 준비해왔어요. 많이 읽고."
"언젠가 너도 이해할 날이 올 거다."

2019년 개봉된 디즈니 영화 〈알라딘〉에서 자스민 공주와 아버지의 대화이다. 자스민 공주는 두 가지 고민거리가 있다. 아그라바 왕국의 왕위를 물려받아야 하고 알라딘과 결혼도 해야 한다.

자신이 사랑하는 좀도둑 알라딘과의 결혼은 현행법상으로 불가능하다. 만약 알라딘과 결혼을 선택한다면, 공주 직위를 포기하고 평민이 되어 왕궁을 떠나야만 한다. 그럴 경우 술탄이 되는 것은 불가능하다. 자스민 공주의 고민이 날로 깊어져가는 이유이다.

알라딘도 같은 고민에 빠진다. 자신이 사랑하는 자스민 공주와 결혼을 하고 싶지만 신분 차이로 불가능하다. 반드시 왕자가 되어야 한다고 굳게 믿는다. 급기야 지니에게 자신을 왕자로 만들어달라는 첫 번째 소원을 빈다. 가상의 아바브와 왕국의 '알리 왕자'로 변신한 후, 새로운 걱정에 빠진다.

"사람들이 나를 알아보지 않을까?"
"아무도 너를 알아보지 못할 거야."
"……."
"지니의 마법이거든. 사람들은 그들이 들은 대로 봐."

지니의 예측은 보기 좋게 빗나갔다. 알라딘은 알리 왕자로 변신했다가 자스민 공주에게 들통이 나는 바람에 된통 망신만 당했다. 자스민 공주의 눈썰미에 자존심이 구겨진 지니는 새로운 방법을 제안한다.

"아그라바의 법률에는 왕자와 결혼해야 한다는 조항이 있어. 하지만 네가 말만 하면, 감쪽같이 사라져."
"……."
"너와 공주는 영원히 행복하게 살 수 있지."
"그 법 조항을 사라지게 할 수 있다고?"
"마치 존재하지 않았던 것처럼. 마지막 소원을 알려줘."
"지니, 내 마지막 소원은……."
"세 번째 그리고 마지막 소원."
"널 자유롭게 하는 거야!"

멀리서 알라딘과 지니가 대화하는 모습을 바라보던 자스민 공주. 만약

이 사실을 알았다면 난리가 났을지도 모른다. 알라딘이 자신과 지니 사이에서 지니를 선택했기 때문이다. 알라딘과 자스민 커플의 고민은 의외의 방법으로 해결된다.

영화가 끝나갈 무렵 아버지는 공주가 술탄이 되는 것을 반대한 진짜 이유를 털어놓는다. 왕비를 잃은 후, 그는 어린 딸을 홀로 키우면서 딸의 대한 애착이 매우 강했다. 다 큰 딸을 아직도 코흘리개 어린아이로 여기고 자신이 모든 판단을 섣불리 내린 것을 사과한다. 아버지는 왼손에 끼고 있던 금반지를 건네주면서 말한다.

"이젠 네가 술탄이다."
"……."
"술탄으로서 너는 법을 바꿀 수 있다. 그는 좋은 사람이다."

왕은 딸의 두 가지 고민을 단번에 해결해준다. 아그라바 왕국의 차기 술탄이 되는 것과 율법 개정을 통해서 알라딘과 합법적으로 혼인을 하는 것이다. 상대방의 입장을 정확히 파악한 완벽한 해결책이다. 영화 속의 갈등이 모두 해결된다.

게임이론에서는 상대방의 입장을 고려하는 부분이 중요하다. 자신의 판단으로 상대방이 원하는 것을 결정하는 것이다. 상대방을 배려하는 차원에서는 좋지만, 너무 주관적인 선입견 등으로 상황을 잘못 파악할 수 있다.

게임이론이란 상대방의 결정을 미리 예측하고, 자기 자신뿐만 아니라 상대방이 포함된 그룹을 위한 최선의 선택을 함께 고려한다. '나' 또는 '너'보다 포괄적인 '우리'의 개념에서 접근하는 것이 게임이론의 특징이다. 상대방이 원하는 것을 정확히 파악하는 거이 중요하다. 잘못 피익힐 경우, 불필요한 마찰이 발생할 수 있기 때문이다. 자신의 예측을 보다 객관적으로 분석하는 과정이 필요하다.

돌발변수를 대비하라

친하게 지내던 동네 친구와 간만에 이야기를 나눴다. 강아지를 너무 사랑하는 애견가라서 강아지 이야기를 나누는 것을 무척 좋아한다. 문득 강아지가 혀로 아침에 주인을 깨우는 TV 광고 장면이 떠올랐다. 둘째가라면 서러울 국가대표 애견가에게 물었다.

"혹시 강아지랑 같이 주무시나요?"
"아니요."
"왜요?"
"강아지 침 알레르기가 있어요."
"정말요?"
"강아지가 핥으면 그 부위가 부어올라요."

너무 놀라운 사실이었다. 사실 강아지 침 알레르기라는 병명은 처음 들어봤다. 강아지라면 사족을 못 쓰는 사람이 강아지 침 알레르기가 있었다니. 광고처럼 강아지가 핥아서 깨우는 분위기는 아닌 듯싶다. 핥아준 부위가 탱탱 부어오를 뿐이다.

"정도의 차이가 있나요?"

"신체부위에 따라서 달라요!"

"어떻게요?"

"손발은 별로 반응을 안 하는데 얼굴은 금방 반응해요."

"강아지에 따라서도 다른가요?"

"큰 강아지일수록 심하게 반응해요."

일전에 그녀가 보여준 강아지 사진이 순간 떠올랐다. 멋쟁이 비숑을 키우고 있었다. 비숑은 살짝 반응하는데 더 큰 강아지가 핥으면 더 심하게 반응한다고 했다. 이 정도면 강아지를 키우는 것 자체가 고통의 연속일 것이다.

"그럼 강아지를 어떻게 키우시죠?"

그녀는 잠시 후 말을 멈췄다. 중대발표를 하려는 듯 깊은 심호흡까지 했다. 어떤 대답이 나올지 궁금해졌다.

"그냥 참고 키우죠."

알레르기에 대한 의학적인 해결책이 없을까 궁금해졌다. 병이 있다면 치료제도 있을 것이기 때문이다. 전 세계 애견 인구가 상당할 테니, 시장은 충분히 확보될 것이다.

"예방법은 없나요?"

"면역주사를 맞을 수 있어요!"
"독감주사처럼 말이지요?"
"네."
"얼마나 자주 맞아야 하나요?"
"10년에 한 번요!"
"왜죠?"
"한 번 맞으면 항체가 10년간 지속 된대요."
"혹시 맞으셨나요?"
"아뇨. ㅋㅋ 그냥 알레르기 약 먹어요."

주사 대신 약을 복용하고 있었다. 강아지 한 마리를 키우는데 참 고생이 많다는 생각이 들었다. 강아지가 사람에게 맞추는 게 아니라 사람이 강아지에게 맞추는 셈이다. 커피를 한잔 마신 후, 내게 물었다.

"도마뱀을 키우신 적이 있다고 하셨죠?"
"네."
"이름이 뭔가요?"
"초록이입니다."
"도마뱀을 키울 때 어려운 점이 없으셨나요?"
"물론 있었죠."
"설마 파충류 알레르기?"
"아니요. 혹시 살모넬라균 아세요?"

살모넬라균은 도마뱀 피부에 사는 세균이다. 일반적인 감염증상으로 설사, 두통, 발열, 탈수 및 위경련이 있다. 최악의 경우에는 패혈증 또는 혈액중독증을 일으킨다. 파충류를 직접 만지거나 파충류가 앉아 있던 자리 등을 만진 후 손을 씻지 않고 무언가를 먹거나 입에 손을 대면 박테리아가 퍼진다. 파충류를 만진 후에는 손을 깨끗이 씻어야만 하는 이유이다. 살모넬라균을 개인적으로 잘 아는 이유가 있다.

"도마뱀을 만지면 입맛이 써져요."
"왜요?"
"도마뱀을 만진 손으로 입을 만지니깐 균이 옮았겠죠.ㅋㅋ"
"그래서 어떻게 하셨어요?"
"그냥 참고 키웠죠.^^"
"거보세요. 저랑 똑같네요, 뭐.ㅋㅋ"

   협상을 하다 보면 상황이 변화되는 경우가 종종 발생한다. 단번에 마무리 되는 가격 협상과는 달리 다양한 이해관계자가 참석하고 시간이 오래 걸릴 경우에는 더욱 그렇다. 급변하는 상황에 어떻게 대처하는 것이 바람직할까?
   협상 타결이 더욱 절실한 쪽에서 인내심을 갖고 변동상황을 반영한 절충안을 제시하거나 수용해야 한다. 예상치 못한 돌발변수에도 불구하고 상대방 의견을 받아들이는 것이다. 마치 동네친구가 강아지 침 알레르기에 불구하고 강아지를 키우는 것처럼, 보다 더 큰 것을 얻기 위해서 작은 희생을 감수하는 것이다. 대를 위해서 소를 희생하는 것이다.

Part II
협상은 마인드 게임이다

성공적인 협상을 위해서는 상호 간의 신뢰구축이 우선이다. 어떠한 형태의 걸림돌도 신속히 제거해야 이해관계가 복잡한 협상을 매끄럽게 마무리할 수 있다. 상대방에게 불신감을 심어줄 수 있는 행위는 피하는 것이 좋다.

합리성의 역설

"아빠! 6 여섯 번 해봐!"
"뭐, 뭐라고?"
"왜 안 해줘!"
"욕을 하라면서!"
"욕이 아니라 6이야."
"알았어. 하면 되잖아!"
"8282!"
"6.6.6.6.6.6."

내가 얼떨결에 답하자 딸이 다시 물었다.

"신데렐라는 몇 명의 난쟁이가 있었지?"
"일곱 난쟁이!"

"신데렐라가 아니라 백설공주인데.ㅋㅋ"

초등학생 딸에게 제대로 한방 먹었다. 여러 가지 감정이 교차했다. 심리학에서는 이런 현상을 '보이지 않는 고릴라'라고 부른다. 한 가지 사실에 몰두하다가 다른 사실을 놓쳐버리는 것이다. 대부분의 사람들은 현상을 있는 그대로 정확하게 받아들이지 않는다. 또한 그들의 판단은 다른 것에 의해서 쉽게 영향을 받을 수 있다.

1999년, 미국 일리노이대학의 교수들은 여섯 명의 학생들을 두 팀으로 나눈 뒤 한 팀은 흰옷을, 다른 팀은 검은 옷을 입도록 했다. 다른 학생들에게 여섯 학생들의 농구공 패스 장면을 보여주며 흰옷 입은 팀의 패스 수를 세게 했다. 그 후 엉뚱한 질문을 던졌다.

"동영상에 등장한 고릴라를 보셨나요?"

실제로 동영상에는 고릴라 옷을 입은 한 사람이 지나가면서 가슴을 두드리고 정면을 응시하는 장면이 약 9초 나왔다. 피실험자의 절반가량은 패스 횟수를 세는 데만 집중해 고릴라를 전혀 보지 못했다.

'보이지 않는 고릴라' 같은 심리현상을 협상 전략에 활용할 수 있다. 사람들은 자신이 원하는 부분에만 관심이 있다. 협상에서 상대방의 관심이 무엇인지를 찾는 것이 중요하다. 그렇지 않을 경우 중요한 사실을 놓칠 수 있기 때문이다. 상대방이 관심 있는 것을 중심으로 자신의 협상 전략을 재조정하는 큰 그림이 필요하다.

"이게 최선입니까? 확실해요?"

"확실하지 않은데, 구체적으로 어디가 마음에 안 드시죠?"
"어떻게 알아요? 제목만 봤는데."
"……."
"최선도 아니고 확실하지도 않으면 다시 하셔야죠."

드라마 〈시크릿 가든〉의 남자 주인공 김주원(현빈)과 상무가 드라마 첫 장면에서 주고받는 말이다. 방영 당시 까칠한 도시남자는 뜻의 '까도남'이라는 신조어까지 생긴 인기 드라마이다. "이게 최선입니까? 확실해요?"는 당시 유행어로 회자됐다. 바로 여기에 합리성의 역설을 볼 수 있다. 목적을 위한 최선책인가를 확인하는 것이다. 까도남 사장과 상무가 생각하는 '최선'에는 차이점이 있다.

합리성은 성공적인 협상가의 덕목 중 하나가 아닐까? 답은 Yes and No이다. 그렇기도 하고 그렇지 않기도 하다? 합리적이라고 해서 항상 성공적인 것은 아니다. 합리는 이론이나 논리에 합당하다란 뜻이다. 그 이론 또는 논리의 기준이 중요하다. 협상학 관점에서는 합리성이란 기준, 조건, 용도에 꼭 알맞다는 의미이다. 합리성의 근거가 되는 기준이 중요하다. 기준과 조건을 어떻게 정하는가에 따라서 다른 협상 결과가 나온다. 협상을 시작하기 전에 기준을 명확히 파악해야 한다.

자신에게 관대하다

어느 주말 저녁, 동네 미용실을 찾았다. 스타일리스트는 강아지를 무척 사랑하는 집사였다. 그녀는 자신을 '쫑이 엄마'라고 부른다. 자신이 키우는 강아지 이름 '쫑이'에서 따온 것이다. 우리의 대화는 언제나 서로의 안부인사로 시작된다.

"쫑이는 잘 지내죠?"
"네, 그런데 최근에 밥을 잘 안 먹어요."
"왜요?"
"중성화 수술을 하고 나서 입맛이 떨어진 것 같아요."
"고생했겠네요."
"나중이 더 걱정이에요!"
"왜요?"
"에너지 소모량이 줄어서 살이 많이 찐대요."

세상엔 쉬운 일이 없다. 강아지 한 마리를 키우는 데도 고민할 것이 한두 가지가 아니다. 앞머리를 자른 후 쫑이 엄마가 물었다.

"강아지 유치원을 아세요?"
"강아지 카페 말씀하시나요?"
"아니요."
"차이가 뭔가요?"
"카페는 강아지들끼리 놀고, 집사들은 쉬는 곳이죠."
"유치원은요?"
"바쁜 집사 대신 강아지를 돌봐주는 곳이죠."
"그렇군요. 근처에서 본 것 같아요."

"저희 직원 한 명도 강아지 유치원에 매일 맡겨요."
"그래요?"
"늦게 끝나는 날에는 미용실까지 데려다줘요."

듣고 보니 얼마 전 기억이 새록새록 되살아났다. 미용실에서 검정색 리트리버 강아지를 본 적이 있다. 맹인 안내견으로 쓰이는 대형견이고 새까만 색이라서 손님들이 무서워할 수 있다. 사방에 날아다니는 머리카락이 강아지 건강에 안 좋을 것이다. 쫑이 엄마는 강아지 유치원의 고객 감동 서비스를 하나씩 친절히 설명해주었다.

"일기장도 작성해준대요!"
"일기장이요?"
"매일 뭘 먹었는지 혹시 아팠는지를 꼼꼼히 적어준대요."
"마치 사람이 다니는 유치원하고 비슷하네요."
"맞아요. 똑같이 따라하는 거예요."

스타일리스트의 이야기를 듣다가 갑자기 무언가 떠올랐다. 강아지 유치원의 고객 감동 서비스를 미용실 운영에 직접 적용하는 것이다. 별생각 없이 물었다.

"미용실에서도 적용 가능하지 않을까요?"

스타일리스트의 가위가 갑자기 멈췄다. 무언가 잘못되었다는 직감이 들었다. 이 썰렁한 냉기는 나만 느끼는 것일까? 아니면 스타일리스트의 가위를 통해서 전해오는 것일까? 이미 엎질러진 물. 주사위는 던져졌다.

"손님들에게 지난번에 어떤 스타일로 했는지를 적어서 보여주면 어떨까요?"

"아니요! 그건 다르죠!"

그녀는 단호했다. 다시 어색한 적막이 흘렀다. 강아지 유치원은 되지만 미용실은 안 된다? 순간 내 실수를 깨달았다. 지나치게 합리적인 제안을 한 것이다. 너무 합리적이어서 상대방이 거절하면 불합리해 보일 정도이다. 업무량 증가를 반길 직장인은 없다. 반드시 할 필요가 없는 새로운 일을 원치 않는다.

사람들은 자신에게 똑같은 잣대를 적용하지 않는다. 내로남불. 내가 하면 로맨스고 남이 하면 불륜이다. 자신의 이해관계에 직접적으로 영향을 주는 이슈에 대해서는 다른 기준을 적용한다.

이중 잣대는 영어로 '더블 스탠더드'이다. 일반적으로 상대방에게는 엄하게, 자신에게는 관대하게 적용한다. 축구경기의 예를 들어보자. 해설자가 똑같은 백태클을 자신의 팀이 하면 "잘 끊어줬습니다." 하고, 상대팀이 하면 "반칙입니다."라고 말하는 것처럼 말이다. 또한 주심의 휘슬이 울릴 경우, 자기 팀이면 "오심입니다. 비디오 판독이 필요합니다."라 하고, 상대 팀이면 "정확히 봤습니다."라고 하는 것이다.

협상에서 주의할 점이 있다. 협상가들도 이중 잣대를 자주 사용한다. 세부내용에 대해서 이중적인 기준을 적용한다. 똑같은 사안에 대해서 다른 기준을 적용한다. 협상 전략을 수립할 때는 이중 잣대를 염두에 두어야 한다. 아무리 공평한 협상 결과가 나와도 각자 다른 기준을 적용하면 완전히 다른 분석이 나올 수 있다. 협상 도중에 상대방을 설득해야 하는 경우라면 더욱 주의해야 한다. 상대방의 관점에서 무엇이 가장 중요한지를 미리 파악해두어야 한다. 상대방과 주고받는 딜을 할 때 상대방이 중요하게 여기는 것들을 비중 있게 다루면서 협상 전략을 수립해야 한다.

논리적 오류를 수용한다

"안 서방, 11시에 봐!"
"점심식사를 11시에요?"
"하루에 100그릇씩 한정판매라네."

처갓집 식구들과 유명한 갈비탕집으로 향했다. 40년 전통을 자랑하는 맛집이라는 소문이 자자했다. 크나큰 기대감을 안고 11시 정각에 도착했다. 천만다행이었다. 간발의 차로 국물 구경도 못 할 뻔했다. 잠시 한숨을 돌리는데 직원이 다가왔다.

"죄송한데요, 갈비탕이 다 떨어졌습니다."
"이제 11시인데요."
"손님이 많아서 일찍 마감됐어요."

딜레마에 빠졌다. 갈비탕을 제외하고는 가격이 비쌌나. 현새 시산은 11시 10분. 근처 식당으로 가면 직장인들과 동선이 겹쳐서 혼잡해지는 시간이다. 핸드폰으로 폭풍검색을 하는데 아까 그 직원이 다시 찾아왔다.

"확인해보니 아직 세 그릇이 남았네요."
"네 그릇이 필요한데요."
"혹시 미국산 갈비탕은 어떠세요?"
"글쎄요."
"미국산 갈비탕을 좋아하시는 분들도 계세요."
"맛있나요?"
"손님마다 호불호가 갈립니다."
"가격은요?"
"5,000원 더 쌉니다."

긴급 가족회의 결과, 한우 갈비탕 세 그릇과 미국산 갈비탕 한 그릇을 주문했다. 미국산 갈비탕을 비교체험 해보기로 했다. 갑자기 차이점이 궁금해졌다. 단순히 원산지의 차이일까? 잠시 후 내 궁금증은 속 시원하게 풀렸다. 두 갈비탕의 비주얼이 확연히 달랐기 때문이다.

미국산 갈비탕은 미국 한인식당에서 자주 봤던 바로 그 모습이었다. 직사각형 모양의 긴 갈빗대가 국물에 반쯤 잠겨 있었다. 놀라운 차이점이 발견됐다. 한우 갈비탕은 온통 잘게 토막 난 잡뼈들로 가득 차 있었다. 콜라겐이 풍부한 흰색 물렁뼈도 여기저기 보였다.

"한우 갈비탕에 갈비뼈가 없네요?"

날카로운 지적에 장모님은 순간 당황하셨다. 옆에 있는 뜨거운 육수를 한 모금 쭉 들이켜신 후 차분히 설명해주셨다.

"사실은 갈비가 아니라네!"
"갈비탕에 갈비가 없다고요?"
"갈비가 아니라 마구리라는 특수 부위야."
"허위광고 아닌가요?"
"아니네."
"왜 아니죠?"
"오래된 갈비탕집 대부분은 마구리탕을 갈비탕이라고 부른다네."
"손님들이 불평하지 않나요?"
"안 해. 사실 마구리 부위가 훨씬 더 부드럽고 맛있거든."

옆에서 가만히 듣고 계시던 장인어른도 한 말씀 거드셨다.

"그래도 이 집은 양반이네."
"왜죠?"
"최소한 한우를 팔잖아!"
"다른 곳은요?"
"수입산 소고기를 팔지."
"수입산 마구리탕을 한우 갈비탕으로요?"
"그래."

갈비가 들어가지 않는 갈비탕이라니. 마구리는 원래 갈비탕 국물을 맛있게 우려내기 위해서 넣는 부위이다. 처음에는 국물을 만들 때만 넣다가, 갈비탕에 넣기 시작한 것으로 보인다. 대부분의 갈비탕집은 마구리탕이라고 표기하지 않는다. 비싼 가격을 받을 수 없기 때문이다. 갈비 바로 옆에 붙어 있는 부위라서 일반인들은 쉽게 구별하기 어렵다.

마구리가 맛있는 부위라는 말에는 일리가 있어 보인다. 정육하는 사위의 장인어른만 먹을 수 있다는 이야기가 구전으로 전해질 정도다. 마구리는 살코기가 별로 없는 소의 가슴 부위다. 뼈와 지방이 반 이상을 차지해서 담백한 국물이 나온다. 하루에 100개씩 한정판매도 나름 이해가 간다. 소 한 마리당 약 10kg밖에 안 나오는 특수 부위이기 때문이다.

합리성이란 어떤 행위가 목표달성을 위한 최선의 수단인가를 확인한다. 설정된 목표에 가장 효율적으로 도달하는 방법을 찾는 것이다. 일반적으로 갈비탕 손님은 살코기와 국물을 모두 원한다. 만약 손님의 목표가 담백한 국물이라면 마구리탕이 최선의 수단이 될 수 있다.

갈비탕집은 이윤 극대화를 위해 가장 효과적인 방법을 택했다. 저렴한 마구리를 넣고 한우 갈비탕으로 팔면서 폭리를 취한다. 문제는 갈비가 아닌 부분을 갈비라고 부른다는 점이다. 마구리탕이라고 부른다면 지금처럼 손님들의 열렬한 반응을 기대하기는 힘들 것이다. 가격 또한 대폭 내려야만 팔릴 것이다.

협상에서는 합리성이 중요하다. 협상 타결이라는 공동목표를 달성하기 위한 최선의 수단을 찾는 것이다. 공동목표의 객관성에 주의해야 한다. 객관적으로는 불합리해 보일지라도 당사자 간의 합의가 있다면 합리적으로 협상 타결이 가능하다. 서로 마음이 통했기 때문이다.

'갈비탕이라고 쓰고, 마구리탕이라고 읽는다.'

식당은 마구리탕을 갈비탕이라고 팔고, 손님들은 그 사실을 알면서도 산다. 당사자들 간의 공감대가 있기 때문에 가능하다. 공동목표를 객관적인 관점뿐만 아니라 주관적인 관점으로 볼 수 있는 보다 넓은 시야가 필요하다. 상대방이 염두에 두고 있는 주관적인 요소들을 미리 파악해 두는 것이 좋다.

논리적인 오류를 주의하라. 협상 과정에서 발생하는 논리적 오류는 설득력을 떨어뜨리고 상대방에게 불신감을 심어줄 수 있다. 상대방의 논리적 오류를 지적하면 안 된다. 사람들은 자신의 실수를 순순히 인정하려 하지 않기 때문이다.

부가설명을 하거나 역이용하면서 자신의 주장의 설득력을 높이는 우회 전략이 효과적이다. 자신의 주장이 옳다고 너무 맹신해선 안 된다. 상대방의 지적을 용납하지 못하고 자신의 주장에만 집착하면 스스로 논리적 오류에 쉽게 빠질 수 있다.

지나친 친절은 손해다

"이건 보이세요?"
"아니요."
"그럼 위에 줄은 보이시나요?"
"네."
"왼쪽부터 읽어 보세요."
"5, 6, ㄱ, ㅅ, 나비"

동네 안경점에서 시력검사를 했다. 흰색 아크릴판 시력표를 한 줄씩 위로 읽어갔다. 변화가 필요했다. 십 년 넘게 썼던 검정색 뿔테에서 탈출하기로 마음먹었다. 안경을 낀 교정시력을 오랜만에 확인했다. 잠시 후, 검안기 렌즈에 눈을 대고 나안시력과 눈의 상태를 측정했다.

"턱 대세요!"
"네."
"이마 앞에 갖다 대시고 눈 깜빡이시면 안 됩니다."
"네."
"집 쳐다보세요!"

눈 속에 빛의 초점이 맺히는 위치로 굴절률을 측정했다. 안과나 안경점에 가면 항상 거치는 통과의례다. 차이점도 있다. 굴절검사기의 이미지가 고속도로 위의 열기구에서 초원의 빨간 지붕 집으로 바뀌었다.
매장에 전시된 안경을 힐긋 둘러보니 가격이 비싸 보였다. 훈남 안경사에게 물었다.

"실버시대라서 안경산업이 좋아지지 않을까요?"
"아닙니다."
"왜죠?"
"양극화만 심해졌죠."
"양극화요?"
"고가 또는 저가 안경점은 살아남아도, 중간가격대 안경점은 문을 닫는 추세입니다."

진열대를 다시 둘러보니 안경사 말대로 안경테 가격의 양극화가 심했다. 한쪽 코너에는 저렴한 보급형 국산 안경테가, 다른 쪽에는 수입산 고급 안경테가 전시되어 있었다. 때마침 글로벌 트렌드가 궁금해졌다.

"어느 나라 안경테가 제일 잘 나가나요?"
"독일, 프랑스, 일본 3개국 회사들이 경쟁합니다."
"차이점이 뭔가요?"
"독일제는 기능성이 좋고 가볍습니다."
"프랑스제는요?"
"화려한 색상을 자랑하죠. 멀리서 봐도 금방 알 수 있습니다."
"일본제는요?"
"세부적 기능과 디테일에 충실합니다."

친절한 안경사 덕분에 글로벌 트렌드 공부를 제대로 했다. 안경도 패션 아이템으로 자리 잡은 지 꽤 오래되었다. 독일, 프랑스, 일본 안경테가 각각 다른 특징을 가지고 있어서 취향에 따라서 다양한 선택이 가능하다. 시력검사를 마친 후, 안경사가 진열대 앞에서 피팅을 도와주었다. 난생처음 보는 최첨단 기계가 있었다.

"3D 얼굴측정 장비입니다."
"신기하네요."
"얼굴 전체를 0.1밀리미터 단위로 측정하죠."
"맞춤형 안경을 제작하는 거군요?"
"흘러내려 가지 않아서 초점이 잘 맞습니다."

잠시 후, 3차원 첨단장비로 내 얼굴을 스캔했다. 내 얼굴에 숨겨진 출생의 비밀이 하나둘씩 밝혀졌다.

"오른쪽 귀가 조금 높으세요."

순간 깜짝 놀랐다. 내 귀를 의심했다. 너무 직설적인 표현이라서 당황했다. 안경을 쓴 지 30년이 넘었지만 처음 들어본 말이다. 앞서 수십 명의 안경사들이 차마 입에 담지 못했던 역린을 건드린 것이다. 안경테를 잘 고르려면 자신의 이목구비 현황을 정확히 파악할 필요는 있다. 사람마다 좌우대칭이 조금씩 다르기 때문이다. 잠시 후 안경사는 귀 이야기를 계속했다.

"오른쪽 귀가 더 뒤에 있네요."

아무리 기계가 알려주는 정확한 치수라지만, 얼굴이 비대칭하다는 이야기는 신경에 거슬렸다. 덕분에 수수께끼 하나가 풀렸다. 안경을 쓰다보면 자꾸 흘러내리곤 했다. 안경테가 휜 것이 아니라 내 얼굴이 삐뚤어진 것이었다. 다른 안경사들이 양손으로 꼭 쥐고 힘껏 비틀던 이유를 비로소 알게 됐다. 훈남 안경사의 친절한 팩폭은 거침없이 이어졌다.

"고객님은 오른쪽 얼굴이 더 넓으시네요."

안경사는 무죄다! 기계가 유죄다! 과연 그럴까? 안경사의 죄를 굳이 따진다면, 너무 친절한 것은 유죄다. 알려주지 않아도 되는 불편한 진실을 너무 대놓고 말한 것이다. 손님의 얼굴 형태에 가장 적합한 안경테 피팅을 위해서 꼭 필요한 정보이지만 구구절절 설명할 필요는 없다. 자세히 설명을 한다고 해서 고객의 얼굴이 갑자기 '뽕' 하고 완벽한 좌우대칭으로 변하지 않기 때문이다.

해결 방법은 하나다. 다른 안경사들처럼 조용히 안경테를 물빨래 쥐어짜듯이 비틀면 된다. 원시적으로 보일지는 모르지만 주어진 상황에서 최선의 방법 즉, 합리적인 해결책이다. 지나친 합리성이 부작용을 일으킬 수 있음을 기억하라. 장발장이 성경을 읽기 위해서 촛대를 훔칠 수 없듯이 목적이 모든 수단을 정당화하진 않는다.

합리성은 궁극적인 목표를 달성하기 위한 최선의 수단을 찾는 것이다. 넘지 말아야할 선이 있다. 상대방의 기분을 거스르지 않는 범위 내에서 추구해야 한다. 너무 지나쳐서 상대방이 마음의 상처를 받거나 기분이 상할 경우 성공적인 협상 타결이 어려워지기 때문이다. 사람은 감정의 동물이다. 아무리 정확한 사실이라도 상대방이 좋아하지 않은 내용을 반복적으로 거론하는 것은 팩폭으로 받아들일 수 있다.

합리적인 사람이 배신한다

"멈춰! 그의 목숨을 살려줘. 그러면 너에게 타임 스톤을 주겠다."
"속임수 부리면 안 돼!"
"(말없이 타임 스톤을 건넨다)······."
"하나 남았군."

영화 〈어벤져스: 인피니티 워〉의 타이탄 결투 신에서 닥터 스트레인지가 우주 최강 악당 타노스와 주고받은 말이다. 닥터 스트레인지는 타노스를 이길 유일한 방법을 찾아낸다. 아이언맨의 목숨을 지키는 것이다. 타노스와의 결투에서 무참하게 패한 아이언맨의 목숨이 위태롭다. 그는 왜 아이언맨을 살렸을까?

타노스가 아이언맨을 살려주자 닥터 스트레인지는 자신의 목숨보다 아끼던 타임 스톤을 순순히 건네준다. 타노스는 장갑 모양의 건틀렛에 다섯 번째 인피니티 스톤을 장착한 후, 마지막 마인드 스톤이 있는 지구로 유유히 떠난다. 영화상의 우주에는 여섯 개의 엄청난 힘을 지닌 인피니티 스톤이 존재한다. 마음, 영혼, 시간, 공간, 현실 그리고 힘이다.

여섯 개 인피니티 스톤을 모두 손에 넣은 자는 엄지와 검지를 가볍게 튕기는 핑거스냅으로 모든 소원을 이룰 수 있다. 단 블랙 위도우처럼 죽은 사람은 되살릴 수 없다. 타노스는 인피니티 스톤을 차지하고 우주 생명체의 절반을 소멸시키려는 무시무시한 계획을 세운다.

이에 맞서서 지구의 어벤져스가 대결하는 구도이다. 닥터 스트레인지가 타임 스톤을 순순히 내줌으로써 타노스는 자신의 첫 번째 핑거스냅을 쉽게 성공한다. 닥터 스트레인지가 미리 던져 놓은 떡밥인지도 모른 채.

1년 후 개봉된 〈어벤져스: 엔드게임〉에서 바로 그 진실이 밝혀진다. 타노스의 핑거스냅 후, 살아남은 어벤져스는 양자역학 이론을 토대로 타임머신을 만든다.

"만약 우리가 시간을 돌아가서 애기 타노스를 찾는 건 어떨까? 그다음은 알잖아!"

"첫째, 그건 끔찍한 일이야. 둘째, 시간은 그 방식대로 움직이지 않아."

"……."

"과거를 바꾼다고 미래가 바뀌지 않아."

열띤 토론 결과, 어벤져스는 평행우주 '편법'을 쓰기로 한다. 평행우주란, 수없이 많은 여러 개의 우주가 동시에 존재한다는 과학이론이다. 과거를 바꾼다고 미래가 바뀌는 것이 아니다. 다만 새롭게 분화된 또 하나의 우주가 생길뿐이다.

어벤져스의 편법은 이렇다. 과거시점에 흩어져 있는 여섯 개의 인피니티 스톤을 '잠시 빌려서' 현재시점에서 사용(핑거스냅)한 후 원래 시점으로 가져다 놓는다. 이론적으로 과거시점의 인피니티 스톤은 제자리에 그대로 있는 것이다. 새롭게 분화된 우주가 없으므로 평행우주 문제도 없다. '오리지널 시간선'의 현재시점에서 헐크는 핑거스냅을 한다. 타노스의 핑거스냅으로 사라졌던 지구생명체의 절반이 다시 돌아온다.

"어벤져스 어셈블!"

캡틴 아메리카가 마지막 전투에서 큰 소리로 외친 말이다. 그의 장밋빛 바람과 달리 전투상황은 그리 녹록치 않다. 우주최강 영웅이라고 우쭐거리던 캡틴마블, 토르의 스톰 브레이커, 캡틴아메리카의 묠니르도 맥을 못 춘다. 염력을 쓰는 스칼렛 위치가 타노스를 잠시 괴롭히는 장면이 위안이 될 정도이다. 답답해진 토니 스타크는 아이언맨 헬멧을 벗어 재끼면서 닥터 스트레인지에게 따진다.

"1,400만분의 1의 확률로 우리가 이긴다고 말했지?"

"……."
"지금 이게 그 상황 맞아?"
"내가 지금 답한다면 그 상황은 벌어지지 않을 거야."
"네 말이 맞아야 할 거야."

타노스가 건틀렛을 끼고 핑거스냅을 하려는 순간, 닥터 스트레인지는 토니 스타크를 지긋이 바라본다. 왼손 검지를 일 자 모양으로 살짝 들면서 수신호를 보낸다. 지금이 바로 그 1,400만분의 1의 상황이라고. 아이언맨은 자신의 숙명을 깨닫고 타노스의 건틀렛을 붙잡고 실랑이를 벌이지만 역부족이다.

"나는 필연적인 존재다!"라고 요란스럽게 핑거스냅을 한 타노스. 아무런 반응이 없자 당황한다. 건틀렛을 자세히 보니, 인피니티 스톤이 모두 사라졌다.

"나는 아이언맨이다!"

토니 스타크가 핑거스냅을 한다. 타노스와의 몸싸움 도중에 인피니티 스톤을 몰래 빼온 것이다. 그의 슈트와 건틀렛은 자유자재로 변형이 가능한 나노기술로 제작됐다. 토니 스타크의 핑거스냅으로 타노스와 그의 군대는 먼지처럼 흩날려 사라진다. 인피니티 스톤의 어마어마한 힘을 견디지 못한 그는 온몸에 큰 부상을 입고 끝내 숨을 거둔다.

죄수의 딜레마는 대표적인 게임이론이다. 두 명의 죄수가 모두에게 가장 유리한 최선의 상황을 포기하고, 각자에게만 유리한 차선의 상황을 선택한다. 개인의 이익을 위해 더 큰 그룹의 이익을 포기한다. 후자가 전자보다 각각에게 더 많은 이익을 줄지라도.

　죄수의 딜레마는 크게 두 가지 가정을 한다. 첫째, 두 명의 죄수가 서로 이야기를 할 수 없는 독방에 갇힌다. 둘째, 배신자에게 보복할 수 없다.

　죄수의 딜레마에는 크게 세 가지 특징이 있다. 첫째, 그룹을 위한 최선책은 무시한다. 죄수의 딜레마에서는 서로 신뢰를 하지 못해서 그룹을 위한 최선책을 포기한다. 둘째, 각자만의 차선책을 추구한다. 셋째, 상호배신을 초래한다. 죄수의 딜레마에서는 상대방이 자신을 배신할 수 있다는 불안심리가 깔려 있다. 배신당하기 전에 먼저 배신하는 것이다.

　죄수의 딜레마는 협상 전략에 중요한 역할을 할 수 있다. 상대방과 협력하느냐 아니면 경쟁하느냐에 따라서 다른 결과가 나오기 때문이다. 협상 테이블에 나온 사람들은 서로 자신에게 가장 유리한 결과를 원한다. 한 치의 양보도 하지 않는 경우에는 협상을 타결하기 힘들다. 절충안을 찾아야 한다.

　문제는 서로 신뢰가 부족할 경우, 협상 참가자 전체 관점에서 손해 보는 선택을 하게 된다. 핑거스냅을 서로 먼저 하려는 아이언맨과 타노스처럼. 상대방에게 배신당할 수 있다는 불안심리 때문이다. 이해관계가 첨예하게 대립하는 경우, 판을 다시 짜는 방법도 있다. 타노스의 수정계획처럼 과거를 기억하지 못하는 새로운 우주를 하나 더 만들면 된다. 기존의 어벤져스가 살고 있는 우주는 그대로 둔 채로 말이다.

신뢰구축이 최우선이다

첫 단추가 중요하다

성공적인 협상 타결을 위해서는 서로 간의 신뢰가 중요하다. 신뢰는 사소한 것으로부터 시작된다. 협상 중에 주고받은 소소한 이야기 또는 비공식적으로 나눈 이야기 등 다양한 방면에서 상대방에게 신뢰를 보여주는 것이 중요하다. 서로 신뢰하지 못하는 경우 협상 타결이 어려울 수가 있다. 혹시 상대방이 뒤통수를 때릴지도 모른다는 불안감이 든다면 협상 타결이 어려울 것이다.

신뢰구축은 작은 것부터 차근차근 쌓아가야 한다. 약속 시간 전에 미리 도착한다든가, 전화 약속 시간을 잘 지키는 등 아주 사소한 것부터 말이다. 티끌 모아 태산이다. 작은 것이 하나둘 모여서 큰 산을 이루듯 신뢰구축에 힘을 써야 한다.

협상에서 초기 관계 설정이 매우 중요하다. 상대방의 기댓값에 부응해야 하는 문제가 발생한다. 만약 사소한 문제라도 생기면 힘들게 쌓아온 관계가 송두리째 무너질 수 있다. 내가 다른 사람의 게임 아이디를 사용하고 상대방은 그 아이디를 근거로 호의를 베푸는 것처럼 말이다. 협상 과정에서 신뢰를 쌓기 위해서는 상대방 관점에서 접근하는 것이 중요하다. 자신의 입장이나 위치보다 상대방이 어떻게 판단하는지가 중요하다.

"아빠가 어릴 때는 이런 게임이 없었는데."

아이들을 키우다 보면 어릴 적에 느꼈던 동심을 되찾는 경우가 있다. 아이들과의 원활한 소통을 위해서 비디오 게임을 다시 시작했다. 오버워치라는 온라인 슈팅게임이 있다. 한 팀에 여섯 명씩, 총 열두 명이 대결한다. 각자 자신에게 가장 잘 맞는 히어로를 선택한다.

상대팀 구성에 효과적으로 대응하기 위한 적절한 팀 구성이 중요하다. 그룹초대가 오는 경우가 있다. 응할 경우, 나머지 팀원들과 포지션 경쟁을 하게 된다. 서로 인기가 좋은 포지션을 원하기 때문이다.

오버워치에는 세 가지 종류의 히어로가 있다. 딜러, 탱커 그리고 힐러이다. 딜러는 강한 공격력으로 상대방을 제압하고, 탱커는 탱크처럼 밀어붙이고, 힐러는 팀원을 부활시키거나 에너지를 채워준다. 일반적으로 파괴력이 센 순서대로 선호한다. 딜러, 탱커 그리고 힐러 순이다. 그룹초대가 오는 경우, 선호도가 낮은 포지션을 선택해야 합류 가능성이 높아진다.

내가 좋아하는 히어로는 바스티온이다. 거대한 전투로봇으로, 기관총을 쏜다. 화력은 딜러 중에서 단연 1등이다. 단점도 있다. 이동속도가 너무 느려서 상대팀의 쉬운 표적이 되어 녹는다. 게이머들은 순식간에 죽는 경우를 "녹는다!"라고 부른다. 상대편 여러 명이 동시에 한 명을 공격하는 경우이다.

두 가지 설정모드가 있다. 기관단총을 쏘면서 이동하는 수색모드와 개틀링건으로 무장하고 한곳에 고정하는 경계모드이다. 궁극기를 사용하면 8초 동안 납작한 전차로 변신해서 원거리 포로 적들을 순식간에 섬멸할 수 있다. 제일 좋아하는 히어로라서 계속 플레이를 하고 싶다. 그룹초대가 올 때면 딜러 포지션을 신청했다.

"그룹초대가 취소됐습니다."

딜러 포지션을 신청했더니만 그룹초대가 번번이 취소됐다. 다른 팀원들도 딜러 포지션을 마음에 두고 있었기 때문이다. 그룹초대와 강퇴를 여러 차례 반복된 후, 나 홀로 플레이를 즐긴다. 그러던 어느 날, 아주 기분 좋게 게임 한 판을 이겼다. TV 모니터에 반가운 메시지가 떴다.

"그룹초대를 받았습니다."

보통 때 같으면 그냥 무시할 텐데 왠지 그날은 수락했다. 운명의 시간이다. 팀 내 포지션 경쟁이 시작됐다. 문제는 바스티온을 하려면 딜러 포지션을 받아야만 한다. 오버워치는 포지션별로 두 명씩만 배정이 가능하다. 번번이 딜러 포지션을 고집하다가 미역국을 마셨던 씁쓸한 기억이 떠올랐다.

'에라, 모르겠다. 아님 말고!'

이번에도 과감하게 딜러를 선택했다. 잠시 후 TV 화면에 수락 메시지가 떴다. 이게 웬일이지? 갑자기 TV 스피커에서 묵직한 중저음의 목소리가 흘러나왔다.

팀원들의 아이디를 유심히 살펴보니 모두 한국인이었다. 새벽에 잠을 안 자고 게임하는 사람이 참 많구나. 속으로 깔깔대고 웃었다. 허나 기쁨도 잠시, 예상치 못한 일이 생겼다. 팀원들 간의 대화가 TV 스피커로 흘러나왔다.

아저씨1 : 방울님은 어떤 포지션이 좋으세요?
연령미상 여성 : 저는 주로 힐러를 하는데요. 다른 포지션도 다 할 수 있어요. 호호호.
아저씨1 : 못하시는 게 없네요. 하하하!
아저씨2 : 멋지십니다. 방울님이 좋아하시는 포지션을 먼저 고르세요.

이쯤 되면, 팀 분위기는 불 보듯 뻔했다. 남자 플레이어 네 명과 여자 플레이어 한 명. 그리고 나. 문제가 있다. Soojin1234. 난 초등학생 딸 아이디를 사용한다. 만약 내가 굵직한 목소리로 말하면 어떻게 될까?

"수진이 아빠입니다."

다른 사람 아이디를 쓰면서 이렇게 부담스러운 경우는 처음이다. 여성 플레이어를 학수고대하던 아저씨 플레이어들에게 큰 실망감을 안겨 줄 것은 불 보듯 뻔했다. 작은 거짓말을 하다 보니 큰 거짓말이 된 느낌이랄까? 고의적으로 성별을 속인 건 아니지만 왠지 찝찝한 마음을 지우기가 어려웠다.

'차라리, 조용히 나가자!' 계속 그룹초대를 거절하자 아저씨들끼리 티격태격 다투며 난리법석이다.

아저씨1 : 수진님, 얼른 들어오세요!
아저씨2 : 왜 안 들어오시지? 초대 제대로 했어?
아저씨1 : 어, 이상하다 제대로 했는데. 다시 해볼게!
아저씨3 & 4 : (절규하는 목소리로) 수진님! 수진님~~~~!

결국 나와 아저씨들은 그룹신청과 거절을 십여 차례 되풀이했다. 거절버튼을 계속 누르는 동안 난 다른 게임에 참여할 수 없었다. 황당한 상황이었다. 상대방이 계속 그룹초대를 하니까 그 게임에서 나갈 수도 없었다. 내가 여자라고 착각하고 그런 것이다.
결국 전원코드를 확 뽑았다.

"게임 오버"

상대방의 관점이 중요하다. 아무리 합리적인 의도를 가졌더라도 상대방이 잘못 오해하면 신뢰구축이 어려워진다. 불순한 의도로 여긴다면 협상파기도 가능하다. 딸의 게임 아이디를 사용한 것 자체는 슬기로운 가족공유가 될 수 있으나, 여자플레이어를 애타게 기다리는 남자플레이어들에게는 용납할 수 없는 일이기 때문이다.

신뢰는 상대적이다

오랜만에 컴퓨터 프로그래머 친구를 만났다. 몇 년 전에 우크라이나에서 소프트웨어 라이센스 계약 협상 건으로 알게 된 사람이다. 첨단 분야에 종사하는 사람이라서 기술발전 동향에 대해 들을 수 있는 좋은 기회였다.

"다음 주에 모스크바 출장 갑니다."
"무슨 일로요?"
"인공지능을 이용한 주식거래 프로그램을 알아보려고요."
"AI가 주식거래도 하는군요."
"네, 우선은 가상화폐 거래를 할 계획입니다."
"왜 러시아로 가세요?"
"러시아는 정부차원으로 밀어주고 있어요. 덕분에 꽤 발전했죠."
"한국은요?"
"어휴! 규제공화국이죠."
"왜요?"
"전 세계에서 가상화폐 규제가 가장 많은 곳 중 하나죠."

인공지능이 주식투자를 하는 시대가 이미 왔다는 사실이 실감이 났다. AI가 못하는 일이 없구나 하는 기대감과 동시에 인간은 무엇을 해서 먹고 살아야 하는가 하는 우려감이 교차했다. 과연 AI가 인간보다 주식거래를 잘할 수 있을까? 스마트워치에 도착한 문자 메시지를 확인하던 그에게 물었다.

"원리가 뭔가요?"

"빅데이터를 활용하는 것이죠."

"양으로 승부하는 건가요?"

"맞습니다. 속도도 중요하죠."

"매매 처리속도를 말씀하시나요?"

"네, 가장 유리한 타이밍에 거래를 하는 거죠."

"단타 매매 말씀하시는 거죠?"

"초단타 매매가 더 정확하겠죠. 밀리세컨 단위로 거래가 이뤄지죠."

"밀리세컨. 1000분의 1초 단위요?"

"네, 사람들이 감히 따라올 수 없는 속도죠."

듣고 보니 그럴싸한 이야기였다. 딥러닝으로 무장한 AI 알파고가 이세돌을 비롯한 세계적인 바둑기사들을 모두 이긴 것처럼, 머잖아 AI가 주식시장의 새로운 강자가 될 것이라는 생각까지 들었다.

사람이 아무리 빨라도 컴퓨터보다 빠를 수는 없다. '암기왕'이라는 단어가 사실상 사라진 것처럼. 다른 차원의 경쟁이 벌어지고 있다. 단순히 누가 더 빨리 계산하거나 암기하는가가 아니라 누가 더 빨리 정보를 입력하고 분석하는가이다. 바로 이 부분을 AI가 담당하는 것이다.

얼마 후, 여의도에서 증권업무를 하는 친구를 만났다. 주식시장 이야기를 하다가 AI 주식프로그램 이야기가 나왔다.

"요즘 AI가 주식도 한다면서?"

"응, 새로운 트렌드지."

"투자자들 반응이 어때?"

"처음에는 불안해하다가, 점차 신뢰도가 높아졌어."
"수익률이 더 높다는 거야?"
"수익률보다는 신뢰도가 높지."
"인간보다 AI를 더 신뢰한다고?"
"맞아! 트레이더들은 업무량이 많아서 모든 투자자에 신경을 잘 못 쓰지."
"아하. 그렇구나!"
"AI는 최소한 공평하게 업무처리를 해."

협상에서 신뢰는 중요하다. 신뢰는 주관적인 개념이다. 최소한 나에게 불이익을 주지 않는다는 확신감이다. 짧게 정리하면 '최소한 공정하다!'이다. AI 트레이더의 가장 큰 장점이 공평한 업무처리라는 점을 눈여겨볼 필요가 있다. 설사 수익률면에서 조금 떨어진다고 해도 다른 투자자들에 비해서 차별을 하지 않는다.

협상에서도 비슷한 원리가 적용된다. 예컨대 가격 협상에서 약간 손해를 보더라도 상대방의 신뢰를 얻을 수 있다면 절반의 성공이다. 협상 파트너에게 자신이 최소한 공정하다는 인상을 주는 것이 중요하다.

뒤통수 잘못 치면 당한다

2020년 코로나 바이러스가 전 세계를 덮쳤다. 집 앞에 있는 편의점에 갈 때에도 마스크를 쓰고 가는 팬데믹 상황이 벌어졌다. 마치 공상과학 영화의 한 장면처럼. 밀폐된 공간에 사람들이 많이 모이는 대중음식점 또는 대중교통은 감염 가능성이 높은 위험지역으로 분류됐다. 백신 또는 치료제가 개발되지 않는 상황에서 각국 정부는 '사회적 거리두기'를 유일한 대응책으로 제시했다.

팬데믹 사태가 장기간 지속되자 여러 산업분야는 엄청난 타격을 받았다. 특히 항공산업과 호텔산업이다. 사람들이 해외여행을 꺼리기 시작했다. 밀폐된 항공기에서 수백 명의 승객들과 몇 시간씩 같이 있는 것에 대한 두려움 때문이다. 여름휴가를 계획하는 것 자체가 도전이 되었다.

"휴가계획은 세우셨나요?"
"네."
"해외로 가시나요?"
"아니요, 강원도로 갑니다."
"요즘 비행기 타기가 겁나시죠?"
"맞아요."
"리조트에 가시나요?"
"아니요, 다른 사람들과 접촉이 없는 풀빌라에 갑니다."
"거긴 많이 비싸지 않나요?"
"비성수기에는 괜찮아요."

이야기를 듣다 보니 상당히 합리적인 가족여행 계획이었다. 무더운 여름날에 집에 갇혀서 질병관리본부와 구청에서 보내오는 확진자 동선정보만 읽기란 쉽지 않다. 자신이 사는 구청뿐만 아니라 인근 서너 군데 구청들도 수차례씩 문자폭탄을 보내온다. 구체적인 여행계획을 물어봤다.

"숙소 예약은 어떻게 하셨죠?"
"온라인 사이트에서 했어요."
"만족하시나요?"
"쩝, 그게요."

갑자기 친구가 말끝을 흐렸다. 무언가 안 좋은 추억이 있는 듯했다. 이번에 그가 물었다.

"해외여행을 생각하시는 건 아니시죠?"
"국내로 갈까 합니다."
"빌라 홈페이지 예약도 확인해보세요."
"왜요?"
"지역경제를 살리셔야죠."

처음엔 무슨 말인지 정확히 몰랐다. 조언에 따라서 온라인 호텔예약 사이트 몇 군데에서 가격을 비교해본 후, 후보군에 들어온 빌라 홈페이지 예약가를 확인해보았다. 예상치 못한 일이 발생했다. 빌라 홈페이지 예약가가 3만원 더 저렴했다. 순간 고민에 빠졌다. 3만원을 더 내고 글로벌 온라인 업체에 예약을 해야 할까?
얼마 전 친구가 말한 '지역경제 살리기'가 자꾸 마음에 걸렸다. 왠지 모르게 커져만가는 불안감에 글로벌 업체에 예약했다. 푼돈을 아끼려다 보이지 않는 비용폭탄을 맞는 건 아닐까 하는 의구심이 들었다. 공신력 있는 글로벌 업체가 더 믿을 수 있겠지 하는 합리적인 결론에 도달했다.
결제를 했다. 잠시 후, 결제금액을 확인하고 화들짝 놀랐다. 세금과 수수료가 무려 30%나 붙어 있었다. 부가가치세 10%를 제외하더라도 수수료가 20%나 됐다. 결제 전에는 수수료에 대한 아무런 언급이 없었다. 믿는 도끼에 발등을 제대로 찍힌 느낌이었다. 갑자기 친구가 해준 조언이 떠올랐다. 코로나 바이러스로 지역경기가 침체되어서 손님이 부족한 상황이다. 국내 숙박업체에 직접 예약하면 지역경제 살리기라는 긍정적인 효과라도 있었을 텐데.

"숙박 후기를 꼭 남겨주세요!"

강원도 여행을 마치고 일주일이 지난 후, 온라인업체에서 이메일이 왔다. 숙박 후기를 남겨주면 다음 예약 시 보너스 숙박적립 혜택을 준다는 친절한 설명과 함께. 꽁꽁 얼어붙었던 내 마음에는 전혀 와닿지 않았다. 다섯 시간 후, 또 하나의 이메일이 도착했다.

"잘하셨어요, OO님! 곧 리워드 1박 혜택을 받으실 수 있어요."

평상시라면 너무나도 반가웠을 뉴스였다. 핸드폰 배경화면에 깔린 계산기 앱을 만지작거리다 말았다. 암산으로 해봤다. 20% 수수료를 다섯 번 내면 100%가 된다. 글로벌 업체는 10박을 예약할 경우 보너스 1박 혜택을 준다. 1박에 20%씩 수수료를 챙기면 10박이면 무려 200%의 수수료를 받는 셈이다. 호텔가격의 두 배에 해당하는 이익을 얻는다. 인건비 등의 비용이 발생하겠지만 손해 보는 장사는 아니다.

소비자 입장에서도 큰 손해를 보지 않는 구조이다. 숙박업체의 비용을 깎은 후, 그 차액을 온라인 업체와 나누는 방식이다. 직거래 가격과 비슷한 가격으로 구입한 후 리워드를 받을 수 있다는 장점이 있다. 숙박업체의 입장은 다르다. 공실률을 줄여줄 수는 있지만 이익률이 급격히 감소한다.

성공적인 협상을 위해서는 상호 간의 신뢰구축이 우선이다. 어떠한 형태의 걸림돌도 신속히 제거해야 이해관계가 복잡한 협상을 매끄럽게 마무리할 수 있다. 상대방에게 불신감을 심어줄 수 있는 행위는 피하는 것이 현명하다. 불필요한 오해를 살 경우, 상대방이 자신을 속이려고 했다고 확대해석할 수 있다.

신뢰를 쌓기는 힘들다. 깨진 신뢰를 회복하기는 더 힘들다. 여러 명과 동시에 협상할 경우에는 다른 협상가에게 어떻게 대하는지도 유심히 볼 필요가 있다. 편파적인 행동이나 차별적인 행동의 기미가 보인다면 주의해야 한다. 지금은 잘 대해 줄지는 모르지만, 이해관계가 바뀔 때는 태도가 어떻게 돌변할지 예측하기 힘들기 때문이다.

개인의 취향을 저격하라

"여보세요?"
"안녕하세요?"
"저는 협상 담당 라켈 무리요 경감입니다. 그쪽은?"
"강도 책임자입니다."

넥플릭스 드라마 〈종이의 집〉에서 남녀주인공이 처음 주고받은 말이다. 〈종이의 집〉은 스페인 TV 드라마 시리즈로 2020년 세계적인 선풍을 일으켰던 범죄 스릴러이다. 유니폼처럼 입던 빨간 옷과 달리 가면은 세계적인 패션아이템으로 자리 잡았다. 아홉 명의 범죄자가 마드리드 조폐국을 습격한 뒤 돈을 '찍어서' 탈출하는 특이한 스토리다.

   정체불명의 남자 주인공인 교수는 여덟 명의 범죄자들과 합숙훈련을 한다. 실명을 쓰지 않고 도시명으로 서로 부른다. 도쿄, 베를린, 리우, 모스크바, 덴버, 오슬로, 헬싱키 그리고 나이로비. 마침내, 마드리드 조폐국을 장악하고 인질 협상이 시작된다.

"뭘 입고 있지요?"
"뭐라고요?"
"무슨 옷을 입었느냐고요?"
"……."
"옷이 사람의 성격을 대변한다는 생각 안 하시나요?"

   교수의 엉뚱한 질문은 눈여겨볼 가치가 있다. 67명 인질의 생명이 달려 있는 중차대한 협상 중에 상대방의 패션 감각에 관심을 갖다니? 경찰 팀원들과 한 명씩 돌아가면서 정답게 인사까지 나눈다. 정작 자신은 베일 뒤에 숨는다.

"이름은 밝힐 수 없지만 교수라고 불러주세요. 다들 날 그렇게 부릅니다."

   무리요 경감은 인질을 구출하기 위해서 설득을 시작한다. 교수는 계속 자기가 하고 싶은 이야기만 한다. 인질 협상에는 대꾸도 안 한다. 무리요 경감은 신뢰를 얻고 싶다면 고등학생들만이라도 풀어달라고 제안한다.

영국 대사의 딸이 포함되어서 정치적으로 부담되기 때문이다. 교수는 무리요 경감의 요청은 귓등으로 듣는다.

"하지만 아직 뭘 입고 있는지 말 안 했잖아요."

집요한 질문공세에 무리요 경감은 자신의 복장에 대해서 말한다. 회색 정장, 파란색 셔츠, 그리고 굽이 높은 검정 부츠. 하지만 교수는 또 잔소리를 한다. 여성 정장에는 바지와 치마가 있으니 다음번에는 조금 더 구체적으로 말해달라고 말한다. 협상 내내 질질 끌려다니자, 상부에서 다른 경감을 투입하려고 한다. 그녀는 마지막으로 똑같은 요구사항을 제시한다. 미성년자 여덟 명을 당장 석방하라고.

"이제 당신이 제게 호의를 베풀 차례입니다. 제 신뢰를 얻고 싶다면 여덟 명을 풀어주세요. 아니면, 다른 경감이 맡게 될 겁니다."

협상 담당자 교체라는 배수진을 친 무리요 경감. 자신이 펼친 전략에 거꾸로 말려들고 만다. 교수는 기막힌 협상 전술을 보인다. 고등학생 여덟 명 대신 영국대사 딸 한 명만 석방하겠다고. 정보부 대령은 도덕적 갈등을 떠나 외교 문제라면서 동의한다. 교수는 뜻밖의 결정이라고 말한 후, 언론에 대화 녹취록을 공개한다.

인질의 생사를 확인하기 위해서 TV 생방송용 동영상을 보내달라고 하자, 이번엔 조작된 비디오를 보낸다. 참다못한 무리요 경감은 격노한다. 전화를 건 후 인사도 없이 속사포 공격을 퍼붓는다. 교수는 따끔하게 한마디 한다.

"경감님, 제대로 된 인사도 없이 우리 관계를 서먹하게 해서 신뢰를 해치면 안 되죠."

동상이몽. 두 협상가는 신뢰에 대해서 다른 생각을 한다. 무리요 경감은 주고받기를 통해서 신뢰를 쌓는다고 생각한다. 계속적으로 인질석방을 요구한다. 반면 교수는 상대방에 대한 개인적인 친밀도가 중요하다고 본다. 상대방의 패션센스에만 관심을 보인다.

교수는 처음부터 인질 협상에는 관심이 없었다. 단지, 지폐 10억 유로를 찍어낼 시간을 버는 것뿐이다. 10억 유로는 당시 환율로 계산하면 1조 3천억 원이 넘는다. 교수 일당은 한 사람당 1,400억 원 이상을 챙긴다. 천문학적인 액수이다. 이런 내막을 전혀 몰랐던 무리요 경감은 수 싸움에서 계속 밀렸다.

"교수님은 지금 뭘 입고 있나요?"

만약 무리요 경감이 이렇게 물었다면 어떻게 됐을까? 한 가지는 확실하다. 교수는 무척 놀라면서 반가워했을 것이다. 자신에게 관심을 보였기 때문이다. 사람은 누구나 관심을 받기 원하는 본능이 있다. 아마도 교수는 보다 많은 개인정보를 흔쾌히 제공했을 것이다. 심리전이다. 상대방의 허점을 공략하는 것이다. 공감대를 형성할 수 있는 한 방을 곁들이면 더 효과적이다.

"혹시 저랑 같은 회색정장을 입으신 건 아니겠죠?"

사람들은 자신이 좋아하는 색의 옷을 주로 입는다. 만약 무리요 경감과 교수가 같은 색 정장을 입고 있었다면 어떻게 되었을까? 옛 친구를 오랜만에 만난 듯이 대화의 물고가 터질 것이다. 협상의 대화를 시작하기 어려울 때는 공감대를 형성하는 돌파구(회색정장)가 필요하다. 개인의 취향을 저격하는 방법이다.

협상 도중에 상대방이 계속해서 요구하는 사항이 있다면 정확한 판단이 필요하다. 계속 같은 정보를 요구하는 이유는 무엇일까 고민해봐야 한다. 민감한 내용이 아니라면 빨리 주는 것도 좋은 방법이다. 상대방을 존중한다는 긍정적인 신호를 주면 자신이 원하는 방향으로 유도하기 쉬워질 것이다.

시즌1 마지막 회에는 개인적인 친분을 통해서 설득하는 방법도 나온다. 인질 중 몇 명이 탈출에 성공하자, 남아 있는 인질들이 동요하기 시작한다. 인질들을 조폐국 로비에 집합시킨다. 도쿄가 설명하는 동안 나이로비는 분필로 바닥에 일 자로 줄을 긋는다.

"결정할 시간이 왔다. 공범이 되어 100만 유로를 벌지, 빈손으로 나갈지. 자유냐, 100만 유로냐!"

용의주도한 교수는 이런 대치 상황도 미리 예측했다. 거사를 치르기 전에 벌어진 합숙훈련 과정에서 해결 방법을 상세히 설명해준다. 자유를 원하는 사람은 조폐국 지하실로 데려가서 가둔다. 그 사람들이 반란을 일으킬 가능성이 크기 때문이다. 영국대사의 딸 앨리슨이 나가려고 분필 선을 넘으려 하자 나이로비가 가로막는다. 앨리슨이 나이로비에게 묻는다.

"왜 저는 선택할 수 없죠?"
"넌 우리 인질의 꽃이거든."

도쿄에 이어서 나이로비가 나선다. 끝까지 남아서 도와주면 50유로 지폐 2만 장을 진공 포장해서 각자의 집으로 보낼 것이라고 구체적으로 설명한다. 마치 최고급 햄 우편 배송처럼.

"나가고 싶은 사람은 앞으로 나와!"

상당히 황당한 제안이다. 인질들이나 밖에서 대치 중인 경찰이 전혀 예상하지 못한 신의 한 수이다. 인질들에 대한 경계를 강화해도 부족한 마당에 돈을 나눠주겠다고 제안한다. 100만 유로는 우리 돈으로 약 13억 원이 넘는다. 물론 교수 일당이 찍어내는 지폐 총액의 0.1퍼센트에 불과하지만 동기부여로는 충분한 액수이다.

목마른 자가 우물을 판다. 남기로 결정한 인질들은 대부분 자기 일처럼 열심히 협조한다. 자신들에게 불리해진 상황에서 인질들에게 인센티브를 줘서 작업속도를 높인다. 협상에서 설득력을 어떻게 높일 수 있는지를 잘 보여주는 장면이다.

Part III
아는 만큼 보인다

모든 정보를 다 가진다고 해서 최선의 판단을 내리는 것은 아니다.
정보가 부족할 때는 각자에게 가장 중요한 정보가 무엇인지를
파악해야 한다. 제한된 정보를 분석해서 자신에게 필요한 것들을
추려내고 우선순위를 매기는 능력이 필요하다.

상황 변화에 대비하라

코로나 바이러스의 여파로 대학교 학비를 낮추자는 주제로 학생들과 토론을 하게 되었다. 보다 효과적이고 중립적인 절충안을 만들기 위해서 대학교 측과 학생 측의 두 팀으로 나눴다.

등록금 인하를 원하는 학생대표가 먼저 발표했다. 학생의 기본권인 학습권을 주장했다. 배울 수 있는 권리를 침해당했다는 논리였다.

"교수님, 교육의 질이 떨어졌으니, 학비를 인하해야 합니다."
"왜 떨어졌다고 생각하죠?"
"동영상 수업이 많습니다."
"학생들의 피드백도 확인이 안 돼서요?"
"네, 심지어 몇 년 된 동영상도 있어요."
"그래도 실시간 온라인 강의는 낫지 않나요?"
"조금 낫죠. 몰입도는 여전히 떨어져요."

수업료 인하를 반대하는 학생들의 차례가 됐다. 캐나다에서 대학을 졸업한 학생이 손을 번쩍 들었다. 예상치 않은 질문을 했다.

"교수님, 캐나다 대학도 수업료를 내렸을까요?"
"글쎄요. 잘 모르겠네요."
"인상했어요."
"네에? 무슨 근거로요?"
"등록학생 수가 줄어서 학교경영이 어려워졌다는 논리죠."
"나름 일리는 있네요. 등록금과 건물임대료 수입도 줄었겠네요."
"얼마쯤 인상한지 아세요?"
"5~6% 정도 아닐까요?"
"아니요. 평균 10% 올렸어요."
"와우! 원래 비싼 학교인데 추가인상이라니!"
"셋 중 한 명은 등록을 포기한다고 합니다."
"혹시 유학생 학비도 올렸나요?"
"네, 토론토 대학의 경우 5% 인상했어요."
"시민권자나 영주권자보다 몇 배 많이 내는데요."
"3배 정도 더 내지만, 인상했어요."

똑같은 코로나 팬데믹 상황에서 국내대학과 캐나다대학은 완전히 다른 정책을 시행했다. 등록비 감소와 온라인 강의라는 비슷한 현상을 다르게 해석하는 것이다. 똑같은 사실을 관점에 따라서 완전히 전혀 다르게 해석될 수 있다는 사례를 확실히 보여준다.

어느 한쪽이 옳고 그름을 따지는 것이 아니다. 모든 것은 상대적이다.

자신과 타인의 가치관이나 주장이 다를 경우 대부분 자신은 옳고 상대방은 틀리다고 생각하는 경향이 있다. 협상에서도 비슷한 원리가 적용된다. 자신은 옳고 남은 틀리다는 자기중심적인 사고방식에서 벗어나는 협상 전략을 수립해야 한다.

심리학에서 '확증편향'이라는 개념이 있다. 자신의 가치관, 신념, 판단 따위와 부합하는 정보에만 주목하고 그 외의 정보는 무시하는 사고방식을 말한다. 자신이 보고 싶은 것만 선택적으로 보고, 보고 싶지 않은 것은 의식적으로 외면하는 것이다.

코로나 팬데믹 상황에서 한국과 캐나다 대학은 정반대의 대응을 했다. 국내에서는 등록금 인하, 캐나다에서는 등록금 인상을 결정했다. 국내에서는 교육의 질 저하에, 캐나다에서는 학교재정 악화에 초점을 맞췄다. 두 국가 모두 팬데믹 상황이라는 공통분모가 있었으나, 180도 다른 대처방안을 가지고 나왔다. 각각 사회적 문화적인 특징에 의해서 다른 결과가 나온 것이다.

협상 전략을 수립할 때 확증편향에 대해 염두에 두어야 한다. 특히 상대방을 설득해야 하는 사안에 대해서는 상대방의 확증편향 여부와 정도를 미리 파악해두고 그에 적절한 대응전략을 준비하는 것이 효과적이다.

상대방이 확증편향을 가졌다고 판단될 경우, 상대방이 집착하는 가치관, 신념 등을 신속히 파악하는 것이 중요하다. 절충안에 반영하면 협상 타결과 합의 가능성을 높일 수 있다. 만약 자신이 확증편향을 가진 경우, 개인적인 판단에서 놓쳤던 중요한 사항을 찾고 상대방의 집착분야와 적절히 접목해서 보다 균형감 잡힌 절충안을 만들 수 있다.

결정적인 정보만 있으면 된다

싱가포르에 출장을 갔다가 미국대학 동문 K를 만났다. K는 인도네시아 화교 출신으로 어렸을 때 싱가포르로 이민을 왔다. 부모님이 동남아 일대에서 후추사업을 하셔서 중국친구들은 그를 '페퍼 프린스'라고 부르곤 했다. 미국 유학 당시에는 그리 친하지는 않았지만 졸업 후 싱가포르에 들를 때마다 만나면서 최근에 가까워졌다.

몇 년 전에 봤을 때는 싱가포르 공군에 IT제품을 납품하는 개인사업을 하고 있었다. 그는 싱가포르 공군장교 출신이다. 그는 자기 사무실로 나를 초대한 후, 친절하게 사업설명을 해줬다. 기회가 되면 한국 공군에도 납품하고 싶다는 포부까지 밝혔다. 시내 한 쇼핑몰 지하 식당가에서 그를 만났다.

"오랜만이네."
"그러게."
"3년 만인가?"
"아니, 5년만이지."
"그럴 리가 없는데."
"맞아. 내가 호주로 이민간 게 4년 전이니깐."

그의 말이 맞았다. 세월이 빨리 흘렀다. 그는 4년 전 호주 시드니로 투자이민을 갔다. 더욱 놀라운 사실은 결혼도 했다. 미국대학 동문 중에 최고령 노총각이었기 때문에 충격적이었다. 마침내 상투를 틀었구나.

"결혼하는데 연락도 안 주고!"
"음… 너랑은 연락이 오래 안 돼서. 미안."
"그나저나, 어떻게 결혼을 한 거야?"
"발품을 좀 팔았지?"
"웬 발품?"

4년차 새신랑은 피식 웃었다. 무언가 재미있는 이야기가 있을 것만 같았다. 싱가포르에서 배우자를 찾기 위해 여러 단체에 참여했다고 한다. 그중에 하나가 홍콩 출신 싱글모임이었다고 한다. 그곳에서 아내를 만나 결혼을 한 후 둘이서 시드니로 투자이민을 갔다고 한다. 와이프는 홍콩 은행에서 근무하다가 지금은 시드니 은행에서 근무하고 있고, 그는 싱가포르 공군에 납품하는 사업을 호주로 확장했다고 한다.

시드니와 싱가포르를 자주 오가는데 우연히도 그가 싱가포르에 있을 때 연락이 닿아서 만날 수 있었던 것이다. 그의 이야기를 듣다가 갑자기 뭔가 이상한 점이 떠올랐다. 그가 인도네시아 화교 출신이기 때문이다.

"넌 광둥어를 못 하잖아!?"
"(당황하는 목소리로) 아니, 할 줄 아는데!"
"넌 인도네시아 화교 출신이잖아!"
"응, 그렇긴 한데."
"거긴 주로 복건어를 쓰잖아!"
"우와! 그런 걸 어떻게 알아?"
"옛날에 대만친구가 이야기해줬지."
"기억력 좋구먼. 난 광둥어 할 줄 알아!"

"어떻게?"
"미국대학에서 홍콩 룸메이트랑 살면서 배웠어."
"정말? 대단한데."
"광둥어를 못 했으면 결혼도 못 했겠지."

중국은 크고 인구가 많은 나라이다. 지방마다 쓰는 방언도 다양하다. 표준어인 북경어를 못할 경우 지역 방언을 쓰는데, 차이가 커서 서로 못 알아듣는 경우가 많다. 오죽하면 중국 TV프로그램에서 중국어 자막을 보여줄까 하는 생각이 들었다.

미국대학에 다닐 때, 중국 북경에 있는 청화대학의 해외연수프로그램에 참여한 적이 있었다. 당시 친구들과 상해에 놀러 갔다. 일행 중에 한 명이 ABC(American Born Chinese: 중국계 미국인)라서 그의 북경어 실력을 믿고 가이드로 삼았다. 전통시장에서 길을 잃고 헤매다가 ABC 친구에게 통역을 부탁했으나, 전혀 소통이 되지 않았던 일이 떠올랐다.

제한된 합리성은 정보가 부족할 때 발생한다. 많은 양의 정보를 가지고 있다면 최선의 결정을 내리기가 쉬울 것 같지만 꼭 그렇지는 않다. 모든 정보를 다 가진다고 해서 최선의 판단을 내리는 것은 아니다. 정보가 부족할 때는 무엇이 가장 중요할까? 각자에게 가장 중요한 정보가 무엇인지를 파악해야 한다. 제한된 정보를 분석해서 자신에게 필요한 것들을 추려내고 우선순위를 매기는 능력이 필요하다.

가장 중요한 정보가 있는 경우라면, 정보량이 부족하더라도 판단을 내릴 수 있다. K가 룸메이트 등 너머로 배운 광둥어 덕분에 노총각 딱지를 뗄 수 있던 것처럼. 그의 성혼 비하인드 스토리에는 광둥어 실력이 한몫한 것은 사실이다. 비록 출신지역이 달라도 서로 같은 방언을 구사한 것이 바로 성혼의 열쇠였다.

　협상에서도 비슷한 원리가 적용된다. 어차피 완벽한 정보를 가진 협상가는 없다. 다만 상대적인 정보차이가 있을 뿐이다. 이럴 경우 자신의 판단기준에서 가장 중요한 사항들을 꼼꼼히 추려내서 그것들을 중심으로 의사결정을 내린다.

　'피할 수 없으면, 즐겨라!' 제한된 합리성의 벽을 탓하지만 말고 그 벽을 부드럽게 타면서 자신이 원하는 목적지로 나아가는 방법을 찾는 것이 중요하다.

객관적인 자료를 활용하라

　동네 복덕방 여러 곳을 들렀다. 마음에 쏙 드는 공인중개사를 찾기는 쉽지 않다. 인터넷에서 부동산매매정보를 쉽게 구할 수 있다 보니, 복덕방 인심이 옛날 같지 않다. 친절한 공인중개사 아저씨와 함께 아파트 매물을 보러 사무실을 나섰다. 풍부한 경험을 바탕으로 장단점을 자세히 설명해주었다. 그의 부동산 철학이 궁금해졌다.

　"최상의 매매시점은 언제인가요?"
　"최고가일 때 파는 것이 좋지요."
　"주식을 고점에서 파는 것처럼 말씀이죠?"
　"네, 그렇죠."
　"그게 언제쯤인가요?"

"꽃다운 나이에 팔아야죠."
"꽃피는 봄철 말인가요?"
"아니요, 입주 후 5~6년입니다."
"오래 가지고 있을수록 좋은 거 아닌가요?"
"그건 강남 이야기죠."
"여기는요?"
"5~6년부터 감가삼각이 시작되죠."

마지막으로 본 아파트가 마음에 쏙 들었다. 공인중개사를 통해서 아파트 집주인에게 희망가격을 물었다. O억 5천만 원을 제시했다. 평균매매가격보다 약간 높은 액수였다. 내 예상가격보다 비쌌다. 가격 협상을 시작했다.

"조금 센데요."
"꼭 그런 건 아닙니다."
"왜죠?"
"고층에 남향이라서 인기 좋은 로열층입니다. 집주인이 2년 전에 O억 3천만 원에 매입했어요."

2년 전에 산 가격과 비슷하게 판다는 이야기이다. 큰 마진 없이? 그것도 공인중개사가 말해준 "꽃다운 나이"에 말이다. 내가 잠시 망설이자 공인중개사가 한마디 했다.

"빨리 안 하시면, 다른 사람에게 팔립니다."

"왜요?"

"여긴 초품아입니다."

"해품달이요?"

"아니요, 그건 한가인이 출연한 드라마죠. 초.품.아."

"초품아가 뭔가요?"

"초등학교를 품은 아파트 단지를 부르는 신조어죠."

"초등학교는 통학거리가 중요해서겠죠?"

"맞습니다. 실수요자가 선택 가능한 초품아는 별로 없어요. 전월세 수요가 풍부해서 임대소득도 좋아요."

"그렇군요."

"최소 6년간 간접수요가 보장되죠."

아까 이야기를 들었던 말이 떠올랐다. 그 아파트는 공인중개사가 친절하게 알려줬던 바로 "꽃다운 나이"였다. 생각할 시간으로 2~3일을 받았다. 심각한 정보의 불균형 상태이다. 상대방이 훨씬 더 많은 정보를 가지고 있다.

   정보의 불균형을 역이용하는 방법이 있다. 우선 확보할 수 있는 최대한의 정보를 입수해야 한다. 그다음 중요한 정보를 추려내는 기술이 필요하다. 객관적으로 검증된 정보일수록 효용가치는 높다. 객관성 있는 부동산 정보는 어떻게 구할 수 있을까?

   대법원 홈페이지에서 건축물 등기부등본을 신청했다. 예상하지 못한 사실이 발견됐다. 첫째, 현 소유주는 조합원이었다. 개인이 아니라, 지역주택조합에서 매입했다. 둘째, 조합원 분양가로 거래됐다. 제시했던 매매가격의 절반수준이었다. 정보량은 많지는 않았지만, 구매결정을 내리는 충분한 정보였다. 복덕방 사장님께 연락했다.

"조합원 분양가를 아셨나요?"
"아… 아니요."
"건축물 등기부등본에 그렇게 나오던데요."
"전 들은 대로 전달해 드렸습니다."

그건 사실이 아니다. 복덕방 업계에서 바이블로 통하는 부동산 등기부등본을 확인 안 했다는 사실은 선뜻 이해하기가 어렵다. 발급수수료는 단돈 천 원. 열람용은 칠백 원. 수백만 원대의 부동산 중계수수료가 걸린 상황에서 천 원을 아낀다? 어딘가 찜찜함을 지울 수 없었다. 최후통첩을 보냈다.

"O억3천만 원으로 하시죠."

집주인이 2년 전에 샀다는 바로 그 가격으로 후려쳤다. 100% 확신은 없었지만 한번 세게 질러봤다. 몇 시간 후 전화가 왔다. 소유주가 그 가격에 합의했다고 한다. 자신이 중요한 사실을 은폐했다는 걸 알아차려서인지 단돈 만 원도 올리지 않았다.
　대부분의 협상에는 정보의 불균형이 존재한다. 협상가 한쪽이 다른 쪽보다 많은 정보를 가지는 경우이다. 최대한 정보수집을 한 후, 중요도에 따라서 분류한다. 가장 중요한 정보를 보다 정밀하게 분석해서 협상 전략에 반영한다.
　대법원 건축물 등기부등본처럼 공신력이 있는 객관적인 정보는 효과적이다. 공인중개사와 집주인이 협상력을 잃은 이유는 중요한 사실을 숨겼기 때문이다. 조합원 계약가를 의도적으로 말하지 않았다. 은밀히 훨씬 높은 시세차익을 얻으려는 속셈을 들킨 것이다.

아는 것이 힘이다. 정보의 양보다 질이 더 중요하다. 정보를 감별할 수 있는 능력도 필요하다. 객관적인 고급정보는 상당한 파급효과가 있어서 상대방을 설득하는 데 효과적이다.

필수조건을 주의하라

초등학교 동창 친구에게서 전화가 왔다. 변호사를 선임하는 과정에 대한 질문이 많아 보였다.

"변호사를 어떻게 골라야 하지?"
"관련분야 경험이 있는 서너 명을 만나봐."
"상담료를 내나?"
"단순한 상담은 무료지."
"달라고 하는 로펌도 있다던데."
"전문경력을 가진 경우는 그렇기도 해."
"그런 사람을 선임할까?"
"아니, 상담 잘한다고 소송을 잘하는 건 아니야."
"그렇구나. 친구 중에 변호사 한 명이 있는데……."
"아마 안 맡겠다고 할 거야!"

"왜?"
"소송결과가 안 좋으면 서로 어색해지거든."

며칠 후, 그 친구가 링크를 몇 개 보냈다. 인터넷 검색으로 찾은 변호사 후보군이었다. 관련 분야 후보들로 엄선한 듯했다. 친구의 고민거리는 계속 늘어만갔다.

"어떤 기준으로 골라야 할까?"
"특별한 건 없어."
"그래도 뭔가 가이드라인을 줘봐."
"공통질문을 만들어서 물어봐."
"대답을 비교해보라는 거군?"
"맞아. 옥석을 가려야지."
"어떻게?"
"여러 명이 같은 대답을 할 경우에 맞을 확률이 높지."
"겹치는 답을 하는 사람 중에 골라라?"
"응. 한 번 걸러주는 거야."
"독창성도 중요하지 않나?"
"처음부터 방향성이 다른 경우에는 피하는 게 좋아."
"그다음은?"
"2단계에서는 너와 같은 생각을 가진 변호사를 골라."

며칠 후, 다시 전화가 걸려왔다. 변호사 업계의 생리를 잘 모르다 보니 친구는 궁금한 점이 많았다. 특히 변호사 비용에 대한 고민이 많았다.

"성공보수가 도대체 뭐니?"
"성공하면 지급하는 액수지."
"소송에서 지면 안 내도 되는 거 맞지?"

성공보수 제도에 대해 설명을 하면서 주의할 점을 일러주었다. 성공보수의 범위는 일반인들의 상식보다 훨씬 넓다. 재판을 이길 경우에만 주는 줄로 알지만 그것 외에도 적용된다. 예를 들면 소송을 하지 않거나 소송 도중에 합의를 하는 경우이다. 변호사들이 항상 하는 말이지만 반드시 계약서를 꼼꼼히 읽어야 한다.

변호사들은 왜 똑같은 이야기를 계속할까? 대답은 간단하다. 수임료 협상에서 자신에게 불리한 내용은 먼저 언급하지 않기 때문이다. 일종의 협상 전략이다. 대부분 자신의 입장에서 불리하지 않은 결과가 나오면 성공보수가 적용된다. 만약에 이해가 안 되는 부분이나 궁금한 점이 있을 경우, 바로 그 자리에서 확인해야 한다. 한번 계약서에 서명을 하면 돌이킬 수 없기 때문이다.

"착수금과 성공보수를 달라고 하지."
"얼마쯤 내는데?"
"천차만별이야. 사건에 따라 달라."
"기준은 뭔데?"
"승소 가능성이 중요하지."
"승소 가능성이 낮을수록, 성공보수가 높은 거니?"
"바로 그거야."
"정말 어렵네. 도대체 얼마를 달라는 건지."

변호사를 선임할 때 일반인들이 자주 하는 고민이다. 수임료는 과연 얼마가 적정할까? 정답은 없다. 부르는 게 값이다? 수임계약이 체결되기 위해서는 양측이 동의를 해야 한다. 성공보수라는 단어는 무척 생소할 수 있다. 자신이 잘 모르는 사실은 부담스럽기도 하다. 구체적으로 성공보수의 액수를 정하는 협상이 필요하다. 친구가 다시 물었다.

"얼마쯤 부를까?"
"10% 정도를 달라고 할 거야."
"10%씩이나. 부가세도 아니고."
"부가세는 별도야."
"낮추는 방법은 없을까?"
"착수금을 올리는 방법이 있긴 해."
"그럼 초기부담이 늘잖아."
"그렇긴 해."
"착수금을 낮추는 방법은 없을까?"
"그건 안 될 거야!"
"왜?"
"착수금은 필수경비로 쓰이거든. 사무실 임대료, 직원 봉급 등."
"알았어. 한번 협상해볼게."

며칠 후, 그 친구한테서 전화가 걸려왔다. 상당히 처진 목소리였다. 강남에 있는 법무법인에서 성공보수 10%를 제안했다고 한다. 며칠 전 내 예측과 비슷한 가격이었다. 착수금을 낮춰달라고 했더니만, 변호사가 전혀 반응하지 않았다고 했다. 협상 타결이 어려워지자 변호사가 의외의 제안을 했다고 한다.

"클라이언트를 소개시켜주면, 할인해줄 수 있대."
"그래? 좋은 소식 아닌가?"
"왠지 부담이 되네."
"그건 괜찮아."
"왜?"
"상대방의 조건이 불명확해서."
"무슨 말이지?"
"클라이언트를 소개시켜달라는 거지, 업무를 따달라는 건 아니잖아."
"그렇긴 해."
"좋은 신호야. 사실상 가격을 낮출 명분을 주는 셈이지."
"어떻게 하지?"
"못 이기는 척하면서 5% 정도를 불러봐."

협상 조건은 크게 두 가지로 나눌 수 있다. 필수조건과 선택조건이다. 전자는 협상 상대방이 받아들이기 어렵고, 후자는 받아들일 수 있는 것이다. 위 수임료 협상에서 착수금은 필수조건, 성공보수는 선택조건이다. 구체적인 협상 조건을 이야기할 때에는 신속히 상대방 조건의 특징을 파악하는 것이 중요하다.

일반적으로 협상가들은 협상 조건의 종류에 대해서 말을 하지 않는다. 특히 자신에게 불리할 수 있는 필수조건에 대한 언급을 피한다. 그런 부분을 빠르고 정확하게 파악할 경우 협상에서 유리한 위치를 차지할 수 있다.

연결고리를 찾아라

"우리 동네에 성인용품점이 들어 온대요!"

주민센터에서 긴급 주민대책회의가 소집됐다. 온 동네가 난리법석이다. 서울시 마을 변호사는 성인용품점 입점을 막을 수 있는 방법이 없다고 말했다. OOO은 국내 최초의 성인용품 프랜차이즈이다. 서울 1호점을 성황리에 오픈한 후, 전국으로 지점을 확장하고 있다. 상권이 좋은 길목에 주로 오픈한다.

문제는 인근에 학교가 많다는 사실이다. 초등학교 두 곳, 중학교 한 곳, 여자고등학교 한 곳이 있다. 거리 문제가 생겼다. 당시 법에 따르면 직선거리 200미터 이내에 위락시설을 설치할 수 없다. 학교 네 곳 모두에서 아슬아슬하게 200미터가 넘었다. 길이측정을 미리 다 해본 듯하다. 치밀하게 짜인 각본처럼.

분노한 지역주민에게는 뾰족한 대책이 없었다. 청와대 신문고에 글을 올리자는 의견도 있었지만, 최소 인원 20만 명을 채우기는 어려워 포기했다. 주민센터에 모인 40여 명의 학부모들은 긴 한숨만 쉴 뿐이다.

"혐오시설의 입점을 막을 방법이 전혀 없나요?"
"네, 영업을 방해할 수는 있습니다."
"그게 전부인가요?"
"상품의 광고 크기도 규제할 수 있습니다."

주민센터 담당 직원이 미봉책을 제시했다. 폐점까지는 아니지만, 영업

방해는 가능하다. 분노한 주민들이 원하는 답은 아니었다. 집에 돌아와서 리서치를 시작했다. 당시 〈교육환경에 관한 법률〉에 의하면 교육감은 교육환경 보호구역을 설정할 수 있다.

두 종류로 나뉜다. 절대보호구역과 상대보호구역. 전자는 학교출입문으로부터 직선거리 50미터까지, 후자는 학교 경계에서 직선거리로 200미터까지다. 이 구역 내에서는 학생의 보건, 위생, 안전, 학습과 교육환경 보호를 위하여 금지행위 및 시설을 지정할 수 있다. 청소년 출입·고용금지 업소는 영업을 할 수 없다.

관련조항을 읽다 보니 큰 허점이 있었다. 직선거리 200미터에서 1센티미터라도 벗어나면 규제 사각지대이다. 꾼들은 법규를 더 잘 안다. 미리 인근 학교들과의 직선거리를 측정해서 사각지대를 파고드는 치밀함까지 보였다. 학부모들 입장에서는 분통이 터지는 일이다. 법보다 주먹이 가까운 상황이다.

"창피해서 아이들하고 시장에 못 가겠네요."
"'엄마! 저게 뭐야?' 하고 물으면 어떻게 답해야 하나요?"

정보의 불균형에서 비롯된 총체적 난국이다. 상대측은 현행법의 맹점까지 미리 다 파악하고 로펌 법률자문까지 받고 사업을 시작했다. 어설프게 덤볐다가는 큰코다친다. 오히려 영업방해로 손해배상 청구소송을 당할 수도 있다.

아이들과 손잡고 매일 걷는 대로변에 성인용품점이 들어오는 것만은 반드시 막아야 한다. 정보의 불균형을 극복할 수 있는 돌파구가 필요하다. 새로운 관점에서 사건을 바라보자. 상대방이 보지 못하거나 놓친 것은 과연 없을까?

인터넷 검색을 이것저것 해보았다. 우연히 OO지방건축사협회 공문을 발견했다.

"최근 아파트 및 주택 밀집 지역에 성인용품판매업소 등 청소년 출입·고용 금지업 시설이 입점하여 어린 학생들의 교육환경에 심각한 영향을 미치고 있다는 의견이 있어, 국토교통부에서 건축법 운영지침을 마련하여 알려드리오니 업무에 참조하시기 바랍니다."

성인용품점을 '위락시설'로 규정한다는 지시사항이었다. 새로운 돌파구를 찾은 느낌이 들었다. 지방건축사협회로 공문을 보낸 사람은 과연 누굴까? 역으로 추적하면 뭔가 답이 나올 것 같았다.

지방건축사협회는 대한건축사협회의 산하조직이다. 상식적으로 보면 대한건축사협회에서 산하조직에 공문을 보냈을 것이다. 그 이전은? 바로 정부기관이다. 소관부처인 국토교통부에서 보낸 공문으로 추정해볼 수 있다.

[공문발송 추정경로 #1]
①국토교통부 → ②대한건축사협회 → ③지방건축사협회

다른 문제가 발생했다. 국토교통부 관련 법규에서는 관련 사항을 찾을 수 없었다. 서울특별시 관련자료를 찾아봤다. 정보공개절차제도가 정착이 되어서 상당한 양의 정보를 입수할 수 있다. 정보공개청구를 하지 않고도 인터넷상으로 검색이 가능한 경우도 있다.

서울시 자료에서 예상하지 못한 공문을 발견했다. 국토교통부에서 서울시로 보낸 공문이다. 국정감사 과정에서 주거지역에 성인용품점들이 무분별하게 들어오는 것을 막자는 의견이 나왔고, 국토교통부가 내부규정을 새롭게 만들어서 유관 기관에 배포한 것이다. 법령은 아니지만, 입점을 막을 수 있는 근거 조항이다.

[공문발송 추정경로 #2]
①국토교통부 → ②서울시

중요한 점이 하나 더 있다. 증거로 활용할 경우에는 합법적인 절차를 밟아야 한다. 그래야 제대로 된 증거능력을 갖는다. 처음에는 국토교통부에 신청하려고 했으나, 자신들에게 불리할 수 있는 자료이므로 공개하지 않거나 늦게 줄 수 있다는 생각이 들었다. 국토교통부와 서울시에 각각 정보공개청구를 했다.

내 예상은 정확히 적중했다. 서울시는 바로 다음 날 공식서류를 공개했다. 국토교통부는 며칠 후에 보내줬다. 상황이 긴급하게 돌아가자 구청장이 단톡방으로 들어왔다. 지방선거가 코앞이라서 구청장의 반응은 뜨거웠다.

"구청장입니다. 제가 도와드릴 일이 있을까요?"
"상대측이 입점하지 못하게 할 수 있는 공문을 찾았습니다."
"보내주시면 신속히 처리해드리겠습니다."
"감사합니다."

단 하루 만에 전세가 역전되었다. 하루 전만 해도 절대로 이길 수 없는 게임이었다. 정보의 불균형을 역이용하는 방법을 택했다. 상대방도 미처 파악하지 못한 정보를 입수했다. 국토교통부 지침에 대한 사안을 전달하자 본점과 지점은 엇갈린 행보를 보였다.

법률책임에 민감한 본사는 당장 손을 떼겠다고 했지만, 금전적인 손해를 감수해야 하는 점주는 설득이 쉽지 않았다. 결국은 학부모 대표가 연락을 취했다. 친절하게 설명해주었다.

"이곳에 입점하셔도 장사하시기 어려우실 겁니다."
"……."
"학부모단체에서 매일 피케팅 시위를 할 거예요."
"전 그림 손해만 보라구요?"
"지금 협조하시면 저희가 피해를 최소화하도록 도와드릴게요!"
"어떻게요?"
"본사와 구청에 입장을 전달해서 계약을 무효화시키는 겁니다."

점주는 잠시 머뭇거리다가 마침내 마음을 접었다. 돌아가는 상황이 예전과 확연히 달라졌기 때문이다. 그렇다고 해서 구청을 상대로 소송을 하기도 쉽지 않다. 본사가 이미 발을 뺐기 때문이다. 점주 입장에서는 본사에게 뒤통수를 맞은 셈이다. 다행히 인테리어 공사가 거의 시작되지 않아서 매몰비용은 얼마 안 됐다.

정보가 부족할 경우, 연결고리를 추적해서 실마리를 찾는 방법이 있다. 핑계 없는 무덤이 없듯이 원인이 없는 결과는 없다. 모든 흐름을 단계별로 역추적하는 것이다. 자신에게 주어진 제한된 정보를 시간대별로 분석하는 방법이 있다.

처음 발견한 지방건축사협회 공문 자체는 큰 의미가 없었다. 직접적인 연결고리가 없었기 때문이다. 지역도 달랐다. 사건이 발생한 장소인 서울시청과 중앙부처의 공문서가 유효하다.

협상 전략을 수립할 때에는 제한된 정보에서 논리적인 연결고리를 찾는 노력이 필요하다. 상대방의 대응논리를 깨기 위해서도 꼭 필요하다.

당근과 채찍으로 설득하라

당근이 먼저다

얼마 전 제빵사 친구가 빵집을 열었다는 기쁜 소식을 들었다. 수년 간 준비해온 터라 기대가 많이 컸다. 그 친구는 최상의 매장위치를 찾으려고 몇 달 동안 전국 구석구석을 누볐다. 새로운 장소를 갈 때마다 연락했다. 여러 가지 조건을 고려하다 보니 최적의 장소를 구하기란 쉽지 않았다. 그러던 어느 날 오후, 전화가 걸려왔다.

"드디어 찾았다!"
"뭘?"
"빵집 자리 말이야!"
"우와, 축하한다."
"아파트 단지 상가 1층 모퉁이야."

"근처에 다른 빵집은 없니?"
"두 개 있어. 내가 여러 번 가봤는데 손님은 별로 없더라."
"다행이네."

며칠 후, 친구 빵집을 방문했다. 수도권 소도시 아파트촌에 위치한 상가였다. 한 시간 동안 찾아오는 손님들의 유형을 유심히 관찰했다. 대부분 2030 여성으로 근처 시장에 장을 보러 나온 사람들이 많았다. 갓난아이를 유아차에 태우거나, 초등학생 아이들의 손을 잡고 왔다.

"어린 학생들이 많아서 잘 팔리겠네?"
"꼭 그렇진 않아."
"왜?"
"우리나라 사람들은 빵을 식사로 생각 안 하거든."
"듣고 보니 그러네. 간식이지."
"응."
"무슨 빵이 제일 잘 나가니?"
"식빵."
"우리 동네에서도 식빵이 불티나게 팔리더라."
"코로나 바이러스 때문에 비상식량으로 사는 것 같아."

근처 중국집에서 간단히 점심을 배달시켜 먹었다. 오후가 되자 간식을 사러 오는 사람들이 간간히 보였다. 남자 한 명과 여자 두 명이 함께 들어왔다. 한 손에 노트를 들고 있던 남자가 여성 동료들에게 자신 있게 말했다.

"선반에 있는 게 제일 맛있는 거야!"

선반에 있는 빵을 집어 들고 계산대로 향했다. 단팥빵 5개, 소보로빵 5개 그리고 슈크림빵 3개를 샀다. 세 사람이 나간 후, 친구가 살며시 말했다.

"주민센터 직원들이야."
"단체주문이라서 좋은데!"
"자주 와주면 더 좋을 텐데."
"주로 어떤 빵을 사니?"
"단팥빵, 소보로빵을 주로 사 가."
"가격이 싸니깐?"
"아니, 나누어 먹기 좋아서 그래."

순간 사업 아이디어가 떠올랐다. 어떻게 하면 주민센터 직원들이 매일 점심때 빵집에 오게 만들 수 있을까? 인센티브가 필요하다. 당근을 먼저 주어야 한다. 친구 빵집 계산대 옆에 설치된 원두커피 머신이 눈에 확 들어왔다.

"아메리카노 2.5, 아이스 아메리카노 2.5, 아이스라떼 3.0."

빵보다 커피가 더 비싸네?! 배보다 배꼽이 크다. 순간 기발한 아이디어가 떠올랐다.

"좋은 생각이 있어!"
"뭔데?"
"인센티브를 주는 게 좋을 것 같아!"
"인센티브라고?"
"손님이 소중하다는 성의 표시를 하는 거지."
"쿠폰 같은 거?"
"조금 더 센 걸로."
"더 센 거라……."
"서비스 커피를 주는 거지!"
"누구한테?"
"아까 왔던 단체주문 공무원들."

내 파격적인 제안에 친구가 잠시 멈칫거렸다. 그리 쉬운 결정은 아닐 것이다. 빵보다 커피가 천 원 더 비싸기 때문이다.

"그건 힘들 것 같아."
"왜?"
"아직 많지는 않지만 커피 손님이 가끔 있어."
"아, 그래?"
"서비스로 주면 커피 손님을 잃을 수도 있어."

기존 고객이 있는데 무료로 준다는 것은 쉽지 않은 결정이다. 며칠 후, 그 친구에게서 전화가 걸려왔다. 다짜고짜 나에게 말했다.

"전에 네 말이 맞는 것 같아."
"어떤 말?"
"커피를 서비스로 주라는 말."
"무슨 일이 있었니?"
"며칠 전에 시설관리를 점검하러 공무원들이 왔었어."
"그런데?"
"내가 수고하신다면서 커피를 한 잔씩 주니깐 뭐라고 한 줄 아니?"
"뭐라고 했는데?"
"여긴 잘 돼 있네! 하고 큰소리로 말하고 그냥 다 나가더라."

세상을 살아가는 이치는 여러 가지가 있다. 그중에 하나가 상대방에게 먼저 호의를 제공하는 것이다. 웃는 얼굴에 침을 뱉지 못한다는 속담처럼. 무조건 주라는 의미는 아니다. 상대방을 존중한다는 진정성 있는 메시지와 함께 주어야 의미가 있다.

협상에서도 비슷한 원리가 적용된다. 서로 첨예하게 대립하는 경우에는 더욱 효과적이다. 협상에서는 상대방에게 더 많을 것을 얻으려고 온갖 수단과 방법을 가리지 않기 때문이다. 작은 선심도 상대방에게 신선한 반향을 일으킬 수 있다. 협상은 상대방에게 먼저 주는 것으로 시작된다는 사실을 기억하라.

관계중심으로 접근하라

부동산 호황기가 끝나고 거래절벽이 계속 높아지고 있던 어느 날, 무려 석 달 만에 동네 부동산에서 반가운 전화가 왔다. 오늘 집을 본 사람이 관심이 있다고 했다. 한 가지 요구사항이 있었다.

"도배를 해달라고 하는데요."
"들어오는 사람이 하는 거 아닌가요?"
"계속 해달라고 재촉한대요."
"싫으면 그만두라고 하세요!"

사실 기분이 좋지 않았다. 아무리 거래절벽이라지만 부동산에서 우리가 제시한 호가의 10%를 이미 후려쳐버렸기 때문이다. 집주인이 손해를 보더라도 자신의 수수료를 꼭 챙기겠다는 속내가 환히 내비쳤다. 아무리 불리한 상황이라도 아닌 건 아닌 거다. 마음이 급해진 부동산은 십분 간격으로 계속 전화를 했다. 필자 측 반응이 시큰둥하자 새로운 제안을 했다.

"양쪽 부동산에서 반반씩 내겠습니다."

부동산들이 마음이 조급하긴 했나보다. 자신이 떼어가는 수수료 일부를 포기해서라도 딜을 성사시키려고 한다. 별로 기분이 내키지는 않았지만 현재 상황을 종합적으로 고려해서 딜을 하기로 했다. 부동산에서 약속 시간보다 일찍 와달라고 연락이 왔다.

"커피 드릴까요?"
"괜찮습니다. 왜 일찍 부르신 거죠?"
"도배에 대해서는 언급하지 말아 주세요."
"부동산이 대신 지불한다는 사실이요?"
"네."

부동산 대표는 도배와 관련된 이면합의 사실을 상대측에 알리기를 꺼렸다. 아마도 그 쪽에는 집주인이 도배를 해준다고 큰소리를 쳤기 때문일 것이다. 덕분에 아주 조용하게 전세 계약서를 작성했다. 때마침 상대측에서 이야기를 꺼냈다.

"도배는 해주실 거죠?"
"천장 빼고 다 해드리기로 했어요."

답을 할 틈도 안 주고 부동산 대표가 말했다. 부동산의 요청대로 그냥 가만히 앉아 있었다. 화기애애한 분위기를 깨고 싶지 않아서다. 몇 시간 후, 부동산 직원과 도배사가 집으로 찾아왔다. 여기저기를 둘러본 후, 도배사가 물었다.

"페인트는 안 하시는 거죠?"
"페인트요?"
"여기랑 저기는 걸레받이가 없어서요."
"도배가 안 되나요?"
"몰딩 설치는 가능하지만, 깔끔하게는 안 나오죠."

도배사의 말을 듣고 집을 한 바퀴 둘러보니, 페인트 구역이 상당히 많았다. 마루 벽에 붙어 있던 책꽂이 벽장과 작은 방의 문을 떼어냈기 때문이다. 예상치 않은 상황이 발생했다. 부동산 대표가 "천장 빼고 다 해드릴게요!"라고 한 말이 문제가 됐다. 옆에 있던 부동산 직원이 도배사에게 말했다.

"견적을 두 개로 내주세요."
"어떻게요?"
"페인트칠을 하는 것과 안 하는 걸로요."
"페인트칠을 하시면 한 품이 더 나옵니다."

품. 오래 만에 들어본 정겨운 순수 우리말이다. 태권도 실력이 아니라 필요한 일꾼을 세는 단위이다. 요즘 말로는 인건비이다. '품'이라는 말을 듣자마자 부동산 직원은 초조한 표정을 지었다. 잠시 후, 부동산 사무실에 돌아가서 대표와 협의를 했다. 예상대로 대표는 페인트칠에 대해 부정적이었다.

"그냥 전체를 도배하면 안 될까요?"
"그건 안 됩니다. 아까 도배사가 반대했어요."
"그럼 페인트칠을 안 하면 어떨까요?"
"저희는 상관없습니다. 문제는 상대편이죠."
"왜요?"
"왜 안 했냐고 따지면 저희가 곤란해지잖아요."

필자를 설득하기 어렵다고 판단한 부동산 대표는 작전을 바꾼다. 도배비 대납공모의 전말을 마침내 밝힌다.

"사실은 상대편 부동산에서 먼저 제안한 건데요."
"그랬군요."
"비용부담이 너무 커져서요."
"저도 드릴 말씀이 있어요."
"……."
"도배비용을 계속 내달라고 하면 깨려고 했어요."

필자의 날카로운 지적에 부동산 대표는 잠시 말을 잇지 못한다. 몇 초 멍하니 바라보고 있는 그에게 필살기를 던졌다. 이제 마무리할 때다.

"사장님도 아시다시피 저희가 손해 보는 딜이잖아요."
"그래도 거래절벽이라서……."
"저는 원래 이면계약을 안 합니다."

'이면계약'이라는 말에 부동산 대표와 직원은 움찔했다. 부동산의 논리는 자신도 어쩔 수 없이 도배비용 대납제안에 동의를 했고, 페인트칠을 해야 되는지를 몰랐다는 것이다. 일리가 있는 말이다. 어떻게 보면 주어진 상황에서 합리적인 판단을 내린 것이다.

상대방이 논리 위주의 전략을 펼칠 때는 '관계' 중심의 대응전략을 구사할 수 있다. 상대방의 주장이 합리적이라면 대응하기가 쉽지 않다. 상대측이 던진 카드를 받고 거기에 하나 더 얹어서 보내주는 것이다.

"페인트칠은 지금 꼭 안 하셔도 됩니다. 상대방이 문제를 삼으면 해주실 건가요?"

"그건 좀."

"안 해주시면 저희가 곤란해지죠. 이면계약 이야기를 꺼낼 수 있겠죠."

결국 누구를 위하여 페인트칠을 하는가의 차이다. 부동산 대표는 집주인을 위해서 대신 한다고 생각했으나, 사실은 자신을 위해서 하는 것이라는 점을 설명해주었다. 왜 그럴까? 다른 부동산과 이면계약을 맺고 그 추가조건을 집주인에게 제시했기 때문이다. 사실 집에 들어올 사람 입장에서는 누가 도배를 하는가는 중요하지 않다. "천장만 빼고 다" 도배 내지는 페인트칠이 되어 있으면 그만이기 때문이다.

문제는 상대방의 기대치에 미치지 못하는 상황이 발생할 경우, 누가 책임을 지는가이다. 이면계약의 존재를 모르는 상대측은 당연히 집주인에게 항의를 할 것이고, 집주인은 부동산 대표에게 항의를 할 것이기 때문이다. 이 모든 것이 도배비 대납공모가 없었다면 집주인의 책임이었을 것이다.

협상에서 이면계약은 상당히 주의해야 하고 가급적이면 피하는 것이 좋다. 이면계약의 존재여부만으로도 협상의 타결에 큰 영향을 줄 수 있다. 상대측에 불신감을 심어줄 수 있기 때문이다. 협상을 관계중심으로 접근하는 방법을 활용하라.

압박카드를 활용하라

"변호사님, 안녕하세요."
"누구시죠?"
"OO스포츠 신문 OOO기자입니다."

모르는 번호로 전화가 걸려왔다. 가끔 언론사에서 전화문의를 해왔지만, 스포츠 신문사는 처음이었다. 스포츠 신문사에 대한 이야기가 떠올랐다. 프로 스포츠 시즌 중과 후가 다르다는 것이다. 시즌 중에는 운동선수 관련기사를 싣지만, 시즌이 끝나면 연예인 기사로 지면을 가득 채운다고 했다. 때마침 한국시리즈가 끝난 직후인 11월 초순이었다.

"혹시 도와주실 수 있나요?"
"죄송합니다."
"변호사님 도움이 꼭 필요합니다."
"무슨 일이시죠?"

기자의 진지한 목소리에 귀를 기울일 수밖에 없었다. A라는 여자 연예인 이야기였다. 재미교포 출신인 그녀가 상당히 큰 곤경에 처해 있었다. 연예계 쪽은 잘 몰라서 개입하고 싶지는 않았지만, 기자의 논리에 서서히 말려들고 말았다.

"저도 이런 일은 처음입니다."
"어떤 일이시죠?"

"연예인을 도와주는 일이요."
"이슈가 뭔가요?"
"혹시 리벤지 포르노를 아시나요?"

귀가 솔깃했다. 당시 국내에서는 생소한 단어였기 때문이다. 리벤지 포르노는 예전에 사귀던 여성의 은밀한 사진을 인터넷에 무단으로 올리는 것이다. 리벤지는 '복수'를 의미한다. 문제는 누드사진만을 올리는 것이 아니라 집주소, 직장주소 등 다양한 개인 신상정보도 함께 공개한다.

국내에서는 다소 생소한 일이지만, 미국에서는 전문 사이트까지 등장하면서 큰 사회적 논란이 되고 있었다. 문제는 처벌할 수 있는 법조항이 없다는 점이다.

"미국에서 일어난 사건인가요?"
"뉴저지주입니다."
"구체적으로 어떤 도움이 필요하신 거죠?"
"최초 유포자 처벌이 가능할까요?"
"쉽지 않는 질문이군요."
"뉴저지 주법을 확인하면 되지 않나요?"
"연방법도 리서치를 해야겠죠."
"미국이 연방제 국가라서죠?"
"네, 유포자는 확인됐나요?"
"미국에서 사귀었던 전 남친입니다."

관련법령을 검색하면서 특이한 사실을 발견했다. 미국 50개 주 중에서

캘리포니아와 뉴저지주만 관련법을 시행 중이었다. 뉴저지주가 미국에서 최초로 리벤지 포르노 금지법을 시행한 주라는 사실은 아이러니컬했다. 전 남친이 누드사진을 올린 바로 그 주이다.

여자 연예인의 전 남친은 그런 사실을 알고 있었을까? 설사 알았어도 크게 신경 쓰지 않았을 것이다. 한국에 있는 사람들이 뉴저지 주법 조항까지 찾아서 자신을 고소할 수는 없을 것이라고 판단했지도 모른다. 기자에게서 전화가 다시 걸려왔다.

"최고형량이 어떻게 될까요?"
"징역 5년 및 벌금 3만 불입니다."
"우와! 굉장히 세군요."
"제대로 걸렸어요."
"무엇부터 하면 될까요?"
"우선 그 사이트에서 누드사진을 내려야 합니다."
"어떻게 해야죠?"
"뉴저지 주법원의 명령을 받아야 합니다."
"최초 유포자가 미성년자면 낮은 처벌을 받나요?"
"아닙니다."
"왜죠?"
"미국법에서는 행위유형에 초점을 맞춥니다. 미성년자라도 성인 행위를 하면 똑같이 처벌받죠."
"미국은 확실히 다르네요."
"반대로 피해자가 미성년자면 가중처벌까지 받습니다."

며칠 후, ○○스포츠 신문 1면에 관련 인터뷰가 실렸다. 뉴저지법 관련 내용이 자세히 게재됐다. 스포츠 신문에 실린 내 글을 보니 감회가 새로웠다. 며칠 후, 기자에게서 반가운 전화가 걸려왔다.

"전 남친이 사진을 내렸답니다."
"정말 다행이네요."
"이게 다 변호사님 덕분입니다."
"별말씀을요. 저도 보람을 느낍니다."
"그런데 왜 마음을 바꾸셨어요?"
"뭘요?"
"처음엔 안 도와주신댔다가 도와주셨잖아요."
"자존심이 상해서요."
"네에?"
"우리나라를 우습게 보는 것 같아서요. 한국도 만만치 않다는 메시지를 보내야겠다고 생각했죠."

여자 연예인의 전 남친과 스포츠 신문사는 협상을 한 셈이다. 서로 의견이 대립하는 상황에서 스포츠 신문사가 던진 히든카드가 제대로 효과를 발휘한 것이다. 상대방이 잘 모르던 사실을 정확히 집어서 압박을 하는 것이다. 뉴저지주 리벤지 포르노 관련법령을 한글로 자세히 설명함으로써 자신이 미국 현지에서 형사처벌을 받을 수 있다는 사실을 공개적으로 통보를 한 셈이다.

협상 파트너를 설득할 때는 때로는 강하게 나갈 필요가 있다. 제대로 할 경우에 상대방이 자신의 입장을 바꿀 만한 사실이 있다면 압박카드로 활용할 수 있다. 상대방의 아킬레스건을 정확히 공략하는 것이다.

마음의 문을 열어라

"아빠, 펭귄 보드게임이 두 개 왔어!"

전화기 너머로 긴박한 목소리가 들려왔다. 너무 급하게 구입한 게 화근이었다. 밤 12시 이전까지 구입해야 그다음 날 배송으로 받을 수 있기 때문이다. 계좌이체를 하려면 은행 시스템 점검시간을 피해야 한다. 시간과의 전쟁이다. 단 1분만 늦어도 배송일이 하루 더 지연된다.

밤 11시 25분. 온라인 쇼핑몰에 급히 접속했다. 서둘러야 하는 이유가 있다. 첫째, 다음 날 배송을 받으려면 밤 12시 전에 결제를 완료해야 한다. 둘째, 계좌이체를 하려면 거래은행 영업시간 내에 해야 한다. 내 거래 은행은 밤 11시 30분부터 한 시간 동안 시스템 점검을 한다. 11시 30분 이전에 주문결제를 모두 마무리해야 한다. 내게 남은 시간은 단 5분여.

급히 먹은 밥이 체하는 법. 속도에 집착하다가 그만 치명적인 실수를 저질렀다. 똑같은 펭귄 보드게임을 두 개 주문하고 말았다. 로그인을 하기 전에 카트에 상품을 싣고 로그인 후 같은 상품을 다시 주문했다. 홈페이지에서 게시된 판매처에 연락했다.

"실수로 똑같은 걸 두 개 주문했는데요."
"주문번호가 어떻게 되세요?"

"어디에서 찾을 수 있죠?"
"주문내역에 나옵니다."
"번호는 안 나오는데요?"
"혹시 OO배송 하셨나요?"
"네."
"온라인업체에 직접 문의하셔야 합니다."

걱정했던 일이 발생했다. 익일배송의 경우, 업체가 미리 대량으로 몇몇 인기상품을 구입해둔 후, 신청당일 택배배송을 하는 것이다. 재고가 남으면 판매업체에게 그냥 돌려주는 구조이다. 온라인 판매업체의 높은 인지도를 통해서 판매량을 늘릴 수 있다. 온라인업체는 경쟁업체보다 신속하게 배송할 수 있다.

서비스센터로 전화를 걸었다. 통화대기를 하면서 반품 수수료가 생각났다. 일반적으로 고객의 실수로 발생한 경우, 택배비를 부담해야 되기 때문이다. 어떻게 이야기를 해야 상담원을 설득할 수 있을까 잠시 고민했다.

"배송비 2,500원을 부담하셔야 합니다."

올 것이 드디어 왔다. 어떻게 대답을 해야 할지 고민이 됐다. 펭귄 보드게임이 7,500원인데 배송비가 2,500원이라. 제품가격의 3분의 1이다. 반품하는 것이 합리적인가에 대해서 스스로에 고민했다. 배보다 배꼽이 크다. 여러 가지 생각이 들었다. 반품하지 말고 딸 친구에게 선물로 줄까 하는 생각까지 들었다. 잠시 머뭇거렸더니 담당자가 말했다.

"배송료를 안 내시는 방법이 있습니다."
"그게 뭔가요?"
"OO 서비스를 신청하시고 반품하신 후, 즉시 탈퇴하시면 됩니다."

도대체 이게 무슨 소린가? 순간 내 귀를 의심했다. 곰곰이 생각해 보니, 온라인업체 입장에서는 서비스를 홍보하기 위해서 쓰는 기막힌 마케팅 전략이다. 신규 서비스를 팔기 위한 상술이었지만 소비자의 고민거리를 해결하려는 '착한' 서비스였다. 설득을 하려다가 설득을 당한 셈이다. 상담원의 지나친 친절은 고객의 호기심을 불러일으키기에 충분했다.

"OO 서비스가 뭔가요?"
"새벽배송이 되고 반품수수료 및 배송 최소가격이 없습니다."
"한 달에 얼마인가요?"
"2,900원입니다."

착한 서비스에 착한 가격까지 말 그대로 고객 감동이다. 상대방이 찍소리도 할 수 없이 완벽한 고민해결 서비스를 제공하는 것이다. 회사에서 반품 택배비(2,500원)를 손해 보는데도 말이다. 혹시나 고객이 깜박해서 1개월 이내에 탈퇴를 안 해서 월수수료(2,900원)을 지불할까봐 가입 즉시 탈퇴하라고 몇 번씩 강조했다. 진정성을 엿볼 수 있는 대목이다. 잠시 후 문자 메시지가 도착했다.

"[고객센터] 경험하신 상담에 대한 설문조사 요청 드립니다."

난 원래 설문조사를 거의 참여하지 않는다. 다만 이번만은 북받쳐 오르는 감동에 문자메시지 속 링크를 꾹 눌렀다. "최근 고객센터 상담서비스를 평가하신다면 몇 점을 주시겠습니까?"라는 질문에 난 맨 왼쪽에 있는 5점(만점)을 꼭 눌러서 제출했다. 아주 행복한 마음으로.

협상 테이블에서 상대방을 설득할 때 비슷한 방법을 활용할 수 있다. 서로 이해관계가 첨예하게 대립해서 진전이 없는 경우에도 효과적이다. 상대방을 어떻게 설득할 수 있을까? 먼저 상대방의 마음의 문을 열어야 한다. 상대방이 관심 있게 귀기울일 수 있는 이야기를 꺼내는 방법이 있다. 또한 상대방의 고민거리가 무엇인가를 파악하는 것이다. 상대방에게 강요하거나 압박하는 것이 아니라, 제안하는 방식으로 접근하면 더욱 효과적이다.

Part IV
게임이론을 활용하라

상대방이 알려주지 않는 중요한 사실을
스스로 파악할 수 있는 통찰력이 중요하다.
나무가 아니라 숲을 보는 넓은 시야가 필요하다.

참가자 : 사람이 먼저다

구정연휴에 친척들과 함께 식사를 했다. 식사 후, 경제학과에 다니는 조카가 질문을 했다. 어렸을 때부터 똑똑했던 조카라서 항상 질문이 많았다.

"삼촌, 게임이론이 뭐예요?"
"눈치작전이지."
"여기저기 살피다가 가장 유리한 쪽으로 가는 거요?"
"맞아. 어디에서 들었니?"
"경제학 수업 중에 들었어요."
"자신이 결정을 할 때 다른 사람의 결정을 함께 고려하는 거야."
"가위바위보 게임과 비슷하네요."
"맞아. 상대방의 결정을 예측해서 자신의 결정을 내리는 거야."
"제일 중요한 건 뭐죠?"

"참가자들이 서로 정보를 공유하는가야. 공유하면 협력게임, 안 하면 비협력게임이지."
"주로 어떤 종류인가요?"
"비협력게임이 많지."
"왜요?"
"자신에게 불리한 정보는 노출을 잘 안 하지."

게임이론은 여러 참가자가 서로와의 관계를 통한 보수를 받는다. 의사결정자가 어떻게 전략을 짜는가를 논하는 이론이다. 가장 중요한 사항은 소통이다. 참가자들이 정보를 교환한다는 의미이다.

"협상 전략을 짤 때 도움이 되나요?"
"물론이지. 삼촌 강의할 때 사용하지."
"어떤 전략이 있나요?"
"지배적 전략과 최적대응 전략으로 나뉘어."
"차이가 뭔가요?"
"지배적 전략은 다른 참가자의 결정을 무시하는 '묻지마' 전략이지."
"최적대응 전략은요?"
"다른 참여자들의 결정을 함께 고려하는 '눈치작전'이지."

게임이론이라고 말하면 지레 겁먹는 사람이 많다. 너무 거창하고 어렵게 들리기 때문이다. 수학이론이다 보니 산술적으로 계산하려면 매우 복잡하다. 협상 전략을 수립하는 도구로 사용할 만큼만 이해하면 충분하다.

"혹시 죄수의 딜레마를 아니?"
"미국 범죄드라마에서 본 것 같아요."
"맞아. 네가 한번 설명해볼래?"
"죄수 두 명을 각각 다른 감방에 가두는 거 아닌가요?"
"그런 다음은?"
"경찰이 거짓말을 하죠. 상대방이 이미 다 자백했다고."
"오, 미드 마니아였구나."
"영어공부 하려고 좀 봤어요.ㅋㅋ"
"딜레마의 뜻은 뭘까?"
"믿다가 배신당하는 거 아닌가요?"
"오우, 국가장학생 답구나."
"기본이죠.ㅋㅋ"
"여기에서 죄수의 딜레마의 요점은 뭘까?"
"세상에 믿을 사람 없다. 아닌가요?"
"빙고. 어떤 유형의 게임이지?"
"비협력게임이죠. 서로 이야기를 할 수 없으니까요."
"어떤 전략이지?"
"최적대응 전략이죠. 상대 죄수 결정을 고려하니까요."

이 장에서는 위에서 조카와 나눈 대화처럼 게임이론을 어떻게 협상에 적용할 것인가를 사례별로 이야기를 나눠보겠다. 게임이론의 네 요소인 참가자, 정보, 전략 및 보수 각 요소별로 자세히 살펴보도록 하자.

게임이론의 네 요소 중에 가장 중요한 것은 참가자이다. 어떤 사람이 참가하느냐에 따라서 다른 결과가 나올 수 있다. 같은 레시피를 가지고도 사람마다 다른 맛을 내는 것처럼.

처음부터 협상 테이블 건너편에 앉는 상대방의 성향을 정확히 파악해야 한다. 자기주장이 강한 강경한 협상가인지, 아니면 다양한 의견을 경청하는 유연한 협상가인지를 확인할 필요가 있다. 협상 테이블에 나오지 않은 숨겨진 참가자가 있는지 확인해야 한다. 협상 타결 마무리 단계에 이르면, 협상 파트너의 재량권이 중요해지기 때문이다.

지나친 경쟁구도를 피한다

사람들은 의외로 비이성적인 판단을 자주 한다. 감정에 쉽게 휩싸인다. 자동차 충돌이 바로 비이성적인 상황이다. 왜 쓸데없는 일에 목숨을 거는 걸까? 상대방을 존중해주는 화해의 제스처 하나면 충분히 해결될 수 있는데 말이다.

경제학이론뿐만 아니라 게임이론에서도 모든 사람은 이성적인 판단을 한다고 가정한다. 자신을 위해서 항상 최선의 선택을 한다.

"넌 절대로 사나이의 가족과 얽히지 말았어야 했다."
"네 동생에게 똑같은 이야기를 해줬지."
"실수한 거야. 우린 다른 세상에서 왔어."

영화 〈분노의 질주 : 더 세븐〉 초반부의 자동차 충돌장면에서 주인공 도미닉 토레토(빈 디젤)가 악당 데카드 쇼(제이슨 스타덤)와 주고받은 대화이다.

가족 같은 친구를, 하나밖에 없는 친동생을 잃은 두 사나이가 죽기 살기 식으로 맞장을 뜨는 장면이다. 자신의 안위 따위는 중요하지 않다. 소중한 사람을 잃은 것에 대한 복수심으로 활활 불타고 있을 뿐.

감정이 이성을 지배하는 치킨게임의 양상을 잘 보여준다. 치킨은 겁쟁이를 의미한다. 치킨게임에서는 양측이 '나는 영웅, 너는 겁쟁이'라는 대립구도를 추구할 때 생긴다. 자존심 싸움이다. 둘 중에 한 사람이라도 이성적인 판단을 내리면 판은 금세 깨진다.

"길거리 싸움이 될 것이라고 생각했냐?"

데카드가 쇠 파이프를 집어 든 도미닉에게 한 말이다. 자신의 차에서 장총을 꺼내 든다. 프로 킬러의 본성을 드러낸 것이다. 최소한 데카드는 복수심을 극복하고 이성적으로 판단하기 시작한 것이다. 양측의 입장을 정리해보자. 전문 킬러인 데카드는 총싸움을, 도미닉은 주먹싸움을 원한다. 각자 자신 있는 방식에서 대결하길 원한다. '나는 영웅, 너는 겁쟁이'의 치킨게임 설정을 원한다.

"길거리 싸움이 될 것이라고 생각했냐?"

똑같은 대사가 영화 말미에 반복된다. 도미닉이 데카드의 대사를 패러디한 것이다. 데카드가 쇠파이프를 먼저 집어 든다. 불행히도 총이 없기 때문이다. 한참 긴장감이 고조되는 상황에서 예상치 않은 행동이 나온다. 탕! 도미닉은 자신의 장총에 장전되어 있던 마지막 총알을 하늘로 쏜다. 죄 없는 장총을 깨진 차 유리창 속으로 휙 집어던진다. 마침내 그가 원하는 스트리트 파이트가 시작된다.

"길거리의 사람들이 언제나 이기지."

　이론과 실제는 큰 차이가 있다. 협상 테이블에 실제로 가보면 감정적인 의사결정으로 협상이 어려워지는 상황이 종종 생긴다. 이럴 경우에는 너무 당황하지 말고 상대방이 스스로 진정할 수 있는 충분한 시간을 주는 것이 좋다. 상대방을 감정적으로 만드는 요인이 무엇인가를 신속히 파악해야 한다. 협상이 감정의 영향을 너무 심하게 받으면 타결이 어려워지기 때문이다.
　협상을 할 때 너무 경쟁적인 분위기를 조성해서는 안 된다. 협상이 치킨게임 양상으로 변질될 수 있다. 치킨게임의 본질은 무엇인가? 자존심 싸움이다. 너무 지나칠 경우 서로 수용할 수 있는 절충안을 만드는 것이 어려워질수 있다. 바로 이것이 협상 분위기를 가능한 호의적이고 협력적으로 유지해야 하는 이유이다.
　협상은 눈치싸움이다. 결정적인 순간을 기다려야 한다. 그때까지는 상대방의 눈치를 열심히 보면서 최적의 타이밍을 노려야 한다.

결정권자를 찾아라

　어느 토요일 오후, 가족등산을 마치고 동네 식당으로 향했다. 벽 한가운데에 있는 메뉴판에 '런치 스페셜'이라고 커다랗게 쓰여 있었다.

"주말에도 런치 스페셜 되나요?"
"물론이죠."
"원래 주중에만 되지 않나요?"
"저희는 그냥 스페셜입니다."
"그냥 스페셜이요?"
"매일 파는 스페셜 메뉴죠."
"저 스티커는 뭔가요?"

메뉴판 한쪽 모서리에 대롱대롱 반쯤 매달린 종이쪼가리를 가리키자, 분식점 사장은 살며시 웃으며 대답했다.

"글자 위에 스티커를 덧붙여 놓았죠."
"반쯤 가려진 걸 말씀하시는 거죠?"
"아이들이 만져서 자꾸 떨어져요."

메뉴판을 자세히 보니, '런치'라는 글자 위에 하얀 종이가 반쯤 덮여 있었다. '런치'라는 단어를 가리려고 했던 것이다. 원래는 점심에만 판매하는 스페셜 메뉴로 만들었는데, 나중에 '그냥' 스페셜 메뉴로 바꾼 것이다. '런치'라는 단어를 스티커로 가리려고 했으나, 개구쟁이 꼬마손님들이 자꾸 만지작거려서 반쯤 떨어졌다는 말이다.

"비빔밥 하나랑, 순댓국 하나 주세요."
"네."
"비빔밥은 맵지 않나요?"

"고추장을 따로 덜어드릴 테니, 적당히 넣어 드세요."
"비빔밥은 매워서 아이들이 좋아하지 않을 것 같은데요!"
"노노! 그건 문제가 아닙니다."
"왜요? 떡볶이집 주고객층은 아이들이 아닌가요?"
"아니요."
"그럼 누구죠?"
"매운맛을 좋아하는 엄마들입니다."

생각을 다시 해보니, 분식집 사장 말에 일리가 있었다. 손님이란 구매력이 있는 사람을 의미한다. 떡볶이를 폭풍흡입하는 초등학생이 아니라 돈을 지불하는 엄마이다. 아이들에게는 자기결정권이 없다.

"혹시 떼를 쓰진 않아요?"
"응, 안 돼! 한마디면 사건종결이죠."
"그렇군요."
"엄마들은 아이들 눈치를 안 봐요."
"아주 매운 것도요?"
"그릇에 담아서 혼자 드시죠."

협상에서도 마찬가지이다. 상대측 협상가의 유형을 신속히 파악하는 것이 급선무이다. 최소한 상대방이 자기주장이 강한 '강경한 협상가'인지 아니면 융통성이 있는 '유연한 협상가'인지를 파악해야 한다.
또 하나 중요한 사실이 있다. 협상을 할 때 최종결정권을 누가 가지고 있는지를 신속히 파악해야 한다. 열심히 신뢰를 쌓아온 사람이 허수아비라면 완전히 헛수고를 한 셈이 되기 때문이다. 결정권자를 잘 모를 경우, 찾는 방법이 있다. 중요결정을 내리거나, 같은 편 내에서 의견불일치가 있을 때 최종결정을 내리는 사람이다. 위 사례에서 단맛을 좋아하는 어린이 손님들이 아니라 매운맛을 좋아하는 엄마들이 결정권자이다. 여기에서는 경제력이 좌우한다.

  주의할 점이 있다. 최종결정권자가 누구인가 등의 민감한 내부정보는 외부에 잘 공개되지 않는다. 상대방이 알게 되면 협상 전략상 불리해질 수 있기 때문이다. 상대방이 알려주지 않는 중요한 사실을 스스로 파악할 수 있는 통찰력이 중요하다. 나무가 아니라 숲을 보는 넓은 시야가 필요하다.

스스로 움직이게 하라

"형님, 싱가포르 업무 자주 하시죠?"
"얼마 전에 M&A 한 건 했어."
"제가 최근에 한 로펌과 일했는데요."

  국내 대형로펌에서 국제거래 업무를 담당하는 후배와 점심을 먹었다. 국제거래업무는 크게 두 가지로 나뉜다. 외국인이 국내에 투자하는 인바운드와 국내기업이 외국에 투자하는 아웃바운드이다. 예전에는 인바운드 업무가 주를 이뤘으나, 최근에는 아웃바운드 업무가 늘고 있는 추세이다.

  외국계기업이 클라이언트인 아웃바운드 업무와는 달리 인바운드 업무는 국내기업이 클라이언트이고 국내로펌이 해외로펌을 선정해서 업무를 주는 구조이다. 현지로펌 선정이 매우 중요하다. 후배의 고민이 바로 여기에 있었다.

최근에 싱가포르 투자자문 건으로 현지로펌과 일을 시작했다고 한다. 후배 로펌이 자체적으로 작성한 추천 리스트를 참고해서 연락을 했는데 예상치 않은 일이 발생했다.

싱가포르 로펌 변호사가 사사건건 잔소리를 하는 시어머니 노릇을 한다는 것이다. 갑을관계가 뒤바뀐 상황이다. 나중에는 클라이언트를 대하는 방식까지 물고 늘어졌다고 한다. 참다못한 후배는 폭발 직전이었다.

"형님은 어떤 로펌이랑 일하세요?"
"사무실 가서 연락처를 알려줄게."
"그쪽 로펌은 어떤가요?"
"일을 너무 열심히 해서 탈이지!"
"그래요? 비결이 뭔가요?"
"난 그냥 다 맡겨. 꼭 확인해야 할 사항만 보고하라고 해."
"너무 풀어주시는 건 아닌가요?"
"어차피 싱가포르법이 적용이 되서 싱가포르 변호사가 책임을 지는거야."
"서비스는 만족하세요?"
"물론이지. 지난번에 일을 줬던 로펌 이름이 뭐였니?"
"사무실 돌아가서 명함을 찍어 보낼게요."

점심을 마치고 사무실로 돌아온 후, 후배에게서 문자가 왔다.

"OO로펌 로버트 차우."

오마이갓. 순간 깜놀. 떨리는 손가락으로 후배에게 전화를 했다. 010-OOOO-OOOO.

"내가 말한 사람이 바로 그 로버트였어."
"네, 세상이 참 좁네요."
"맞아, 의외로 좁지. 그래서 평판관리가 중요해."
"비결이 뭔가요?"
"크로스보더 업무는 상대로펌 담당자의 능력뿐만 아니라 성의가 중요해."
"자기 일처럼 책임감 있게 해주는 변호사를 찾는 게 중요한 거죠?"
"맞아."

국내로펌이 해외업무를 외국로펌에 외주를 줄 경우, 주로 대형로펌 위주로 연락을 취한다. 로펌순위 또는 규모가 만족도와 항상 비례하진 않는다. 외국 대형로펌 변호사의 경우, 너무 바빠서 신경을 별로 안 쓰는 경우가 많고 수임료도 상당히 비싸다. 오히려 가성비가 좋은 중소로펌을 쓰는 것이 효과적일 때가 많다.

해외로펌과 일을 할 경우 결국 어떻게 그들을 관리할지가 중요하다. 이역만리 로펌에서 근무하고 한번도 만나본 적이 없는 변호사에게 일을 시키는 것은 상당히 어렵다. 가장 중요한 점은 오히려 단순하다.

"처음부터 자신을 항상 신경 쓰고 있다는 강한 인상을 줘야 해."
"어떻게요?"

"이메일이 오면 즉시 답변하는 거야. 받자마자 아니면 최소 5분 내로."
"복잡한 내용의 이메일은요?"
"잘 받았다는 확인 이메일을 짧게 보내면 돼."
"자세한 내용은 나중에 다시 쓰는 건가요?"
"바로 그거야."

상대방을 빠르게 움직이게 하려면 내가 먼저 그래야 한다.

"포인트 몇 개만 더 알려주세요."
"항상 고맙다는 말로 마무리해야 돼."
"일을 못할 경우에는요?"
"그래도 칭찬해 줘."
"이미지 관리차원에서 하라는 의미인가요?"
"응, 잘 못하면 조용히 다른 로펌으로 바꾸면 돼."

당근과 채찍이라는 표현이 있다. 양방향성도 있다는 점을 유의해야 한다. 내가 당근을 주면 상대방도 당근을 주고, 내가 채찍으로 때리면 상대방도 똑같이 한다는 것이다. 인센티브를 제시하는 당근이 더욱 효과적이다. 상대방을 지시하는 위치에 있을 때는 더욱 효과적이다. 칭찬은 고래도 춤을 추게 한다는 말이 있듯이.

협상은 설득이 중요한 경우가 많다. 피드백 시간을 줄이는 것이 상대방의 신뢰를 얻는 효과적인 방법이다. 채찍 없이 당근만으로 목표를 달성하는 것이 최선이다. 채찍질에는 반드시 부작용이 따르기 마련이다.

새로운 주인공을 찾아라

"왕좌의 게임을 할 때는 승리 아니면 죽음이죠. 중간은 없어요."

미국 드라마 〈왕좌의 게임〉의 명대사 중에 하나이다. 왕비 세르시가 왕의 대리인이자 절친인 네드 스타크에게 한 말이다. 〈왕좌의 게임〉이라는 제목처럼 이 드라마 시리즈에는 게임이론과 유사한 상황이 많이 나온다. 시즌 1의 결말부분에 대반전이 일어난다.

"종자는 강하다."

네드 스타크는 왕자의 출생비밀을 깨달았다. 왕은 갈색머리지만 왕비가 낳은 삼남매는 모두 금발이었다. 그 사실을 왕비에게 먼저 알린다. 돌이켜보면 아주 잘못된 판단이었다. 지나친 배려심이 그를 사지로 내몰았다.
왕이 사망하자, 왕자가 왕위를 계승한다. 출생의 비밀을 알고 있는 네드 스타크에게 세르시 왕비는 자신의 아들이 '적법한 후계자'라고 거짓말을 하면 목숨만은 살려주겠다고 제안한다. 정의감에 불타오르던 네드 스타크는 단호히 거절한다.
그는 약점을 잡히고 만다. 세르시 왕비는 제프리 왕자에게 그를 야경대에 보내라고 말한다. 야경대는 드라마상의 국경수비대이다. 모든 작위를 박탈하고 평생 오지에서 왕국을 섬기라고 한다. 약혼녀 산사도 제발 아버지의 목숨만은 살려달라고 애걸한다.

"왕자를 죽일 음모를 꾸며 왕좌를 차지하려 했습니다. 제프리 바라테

온은 철왕좌에 앉을 진정한 후계자입니다."

교수대에 오른 네드 스타크는 첫째 딸 산사를 위해서 자신의 신념을 포기한다. 제프리 왕자를 공개적으로 후계자로 인정한다. 이 드라마에서의 첫 번째 반전이 일어난다.

"이 반역자를 어찌 하시겠습니까?"
"여인의 마음은 너무 무른 법이다. 내가 왕좌에 있는 동안은 그 어떤 반역도 용서하지 않겠다. 목을 쳐라!"

왕비의 약속과는 달리 제프리 왕자는 네드 스타크를 참수한다. 그것도 사랑하던 딸 산사의 눈앞에서. 네드 스타크가 비참한 최후를 맞게 된 이유는 무엇일까? 왕비와 대수와의 거래를 분석해보자. 왕비의 제안은 간단하다. 협조하면 목숨만은 살려주겠다는 것이다. 제프리 왕자가 '적법한 후계자'라고 거짓말을 하면 사면시켜 주겠다는 의미이다. 그렇지 않으면 참수형을 당할 것이라고 협박한다.

네드 스타크의 의협심 때문에 성사되지 않는다. 그는 왕이 서거한 직후, 제프리 왕자가 아니라 '적법한 후계자'에게 왕위를 물려준다고 유언장 내용을 몰래 바꾼다. 제프리 왕자가 자신의 절친인 왕의 아들이 아니라고 확신했기 때문이다. 자신의 생사와는 관계없이 진실을 말하는 것이 그의 확고한 신념이다.

〈왕좌의 게임〉 장면을 게임이론으로 분석해보자. 세 명의 참가자들은 각자 다른 분석을 한다.

첫째, 네드 스타크는 아무도 믿지 않는다. 참가자가 서로 배신하는 '죄수의 딜레마' 분석이다. 소통부족으로 서로 배신한다. 그룹 전체의 최선을 무시하고 각자의 차선을 지향한다. 왕자의 출생비밀을 폭로하고 명예롭게 죽는 것이다. 최소한 대의명분을 지킴으로써 명예를 얻고자 하는 것이다.

둘째, 세르시 왕비는 네드 스타크의 결정에 따라서 다른 전략을 구사한다. 그가 협조하면 목숨만을 살려주고 배신하면 교수형이 처한다. '평화와 전쟁 게임'이라고 부른다. 상대방이 먼저 전쟁을 일으키지 않는 한 평화를 유지한다.

셋째, 제프리 왕자는 '치킨게임'으로 본다. 싸울 가치가 없는 자존심 싸움으로 판단한다. 왕위 정통성에 대한 도전을 순순히 받아들인 왕자는 없다.

네드 스타크는 두 가지 실수를 저지른다.

첫째, 제프리 왕자의 변신이다. 시즌 내내 마마보이로 보였던 그가 왕이 서거한 직후 폭군으로 급변한다. 어머니 세르시 왕비까지 깜짝 놀라는 모습을 보인다. 네드 스타크는 줄을 잘못 선 것이다.

둘째, 제프리 왕자의 입장을 무시한다. 그가 무조건 어머니의 말을 곧이들을 것이라고 오판한 것이다. '평화와 전쟁 게임'으로 접근한 왕비와는 다르게 왕자는 '치킨게임'으로 본다. 왕비의 약속만을 철석같이 믿었던 것이 바로 패착의 원인이다.

협상에서는 참가자 숫자와 성향을 정확히 파악하는 것이 필수적이다. 협상장에는 모습을 나타내지 않는 최종결정권자의 성향도 신속히 파악해야 한다. 일반적으로 숨겨진 참가자는 협상장에 나온 협상가와는 다른 셈법을 가지고 있다. 제프리 왕자와 세르시 왕비가 확연히 다른 상황판단을 한 것처럼 말이다. 급변하는 상호관계에도 유의해야 한다.

상대측의 내부상황 변화 또는 헤게모니 쟁탈전을 유심히 관찰해야 한다. 협상 도중에 상대방 내부서열이 변동될 수 있어 철저한 대비가 필요하다. 네드 스타크는 최종결정권자가 세르시 왕비라고 오판한다. 왕이 죽기 전까지는 세르시 왕비가 서열 2위, 제프리 왕자가 3위이지만, 제프리 왕자는 왕위를 계승한 후 서열 1위로 등극한다. 최종결정자가 바뀐 것이다.

서거 이전 서열 순위 : ①왕 → ②세르시 왕비 → ③제프리 왕자
서거 이후 서열 순위 : ①제프리 왕자(왕) → ②세르시 왕비

이해관계가 복잡하고 여러 사람이 참가하는 협상의 경우, 최종결정자가 누구인가를 신속히 파악해야 한다. 복잡한 역학관계에서 내부상황 추이를 분석하여 최종결정권자의 변동상황을 미리 대비해야 한다. 각각의 참가자가 다른 게임이론 전략을 구사할 수 있다는 사실을 기억해야 한다. 그럴 경우 상대방의 입장에 따른 다각적인 분석을 통해서 보다 큰 틀의 전략을 수립해야 한다.

정보 : 정보의 불균형을 극복하라

게임이론의 두 번째 요소는 정보이다. 모든 참가자는 자신이 원하는 모든 정보를 구할 수 없다. 이런 현실적인 제약을 '제한된 합리성'이라고 부른다. 의사결정을 내릴 때 입수 가능한 정보를 토대로 한다. 제한된 정보, 능력, 상황 등을 고려해서 최적의 대안을 선택한다. 제한된 합리성은 '최적수준'이 아니라 '만족수준'을 추구한다.

제한된 합리성 관점에서 양측 모두 정보가 부족하다. 정보량은 상대적이다. 아는 것이 힘이다. 누가 더 많은 정보를 입수하는가가 중요하다. 정보는 협상 전략 수립의 핵심요소이다.

정보의 불균형 상황은 크게 두 가지로 나누어볼 수 있다. 누가 보다 많은 정보를 가지고 있는가이다. 내가 우위에 있을 경우와 상대방이 우위에 있을 경우가 각각 다르다. 전자는 상대방을 설득하는 도구로, 후자는 상대방 주장의 신빙성을 가늠하는 잣대로 활용할 수 있다.

모르는 사실을 공략하라

미국 드라마 〈슈츠〉는 가상의 뉴욕 최고 로펌 이야기를 다룬다. 파트너 변호사 하비 스펙터는 어려운 협상을 매끄럽게 마무리하는 구원투수, 이른바 클로저로 명성을 날린다. 그의 로펌 변호사들은 모두 미국 최고의 하버드 로스쿨 출신이다. 명실공히 슈퍼 엘리트 집단이다.

시즌1 첫 회 도입부에서 하비는 호화클럽에서 카드게임을 하다가 긴급문자를 받는다. 3시간 전에 체결된 M&A딜을 클라이언트가 파기하려는 급박한 상황이다. 구원투수로 등판한 하비는 클라이언트사 대표 제롤드와 큰소리로 언쟁을 벌인다. 개인적인 감정이 있던 제롤드는 피인수 회사의 CEO 쿠퍼에게 어떠한 명예직도 주지 않겠다고 우기면서 협상 결렬의 위기에 봉착했다. 자신의 변호사인 하비가 쿠퍼 편을 들자 제롤드는 격노한다.

"당신은 쿠퍼와 일하는 게 아니라 나와 일하는 거요! 계집애처럼 굴지 말고 서명이나 받아오시지? 아니면 다른 놈에게 돈을 주고 시킬 테니까!"

제롤드의 잔소리를 꾹 참고 듣던 하비는 드디어 반격한다. 제롤드가 로펌을 바꿀 수 없는 현실적인 이유 두 가지를 또박또박 설명한다.

"첫째, 다른 변호사를 찾을 수 있다고 생각하면 큰 착각입니다. 둘째, 계약서가 서명된 즉시 수수료가 저희에게 입금되게 되어 있습니다."

하비는 자신의 양복 상의 왼쪽 주머니에서 서류 한 장을 꺼낸다. 오른

팔을 쭉 뻗으면서 펼쳐 보여준다. 자랑이라도 하듯이 몇 차례 팔랑팔랑 흔들어 보인 후, 다시 접어 넣는다. 동시에 그는 똑똑히 설명한다. 로펌수임 계약서에 따르면, 인수합병 계약서에 서명되는 즉시 로펌 수임료가 지급된다고.

"보시다시피, 수임료 전부가 제 계좌에 이체됐다는 완납 확인서를 이미 받았습니다. 좋을 대로 하셔도 되지만 선택의 여지는 없네요."

바로 이 부분에서 제한된 합리성이 잘 보여진다. 제롤드는 새로운 회사의 CEO이지만 로펌 수임료 관련조항에 대해서 정확히 알지 못한다. 회사경영에는 전혀 관계가 없는 부수적인 사항이기 때문이다. 상대방이 잘 모를 뿐만 아니라 관심조차 없는 부분을 자신의 무기로 활용하는 것이다.
 상대방의 약점인 정보의 불균형을 공략하는 전략이다. 상대방보다 많은 정보를 가지는 경우 정보격차를 활용하는 것이다. 나는 알지만 상대방은 모르는 사실을 이용해서 협상을 자신에게 유리하게 이끌어 간다.
 제롤드는 하비가 자신의 눈앞에서 여러 번 흔들어 보여준 확인서 내용을 검토할 엄두도 못 냈다. 내용을 전혀 모르기 때문이다. 잘못 지적했다가 하비에게 역공을 당할까봐 우려도 됐을 것이다. 사실 그가 보여준 서류는 소방훈련 협조문이었다. 이렇게 하비는 또 하나의 딜을 성공적으로 마무리한다.
 로펌 대표변호사인 제시카는 축하파티 도중에 하비에게 묻는다.

"제롤드가 안 읽을 줄 어떻게 알았어?"
"성난 소는 언제나 투우사가 아니라 빨간 망토를 보기 때문입니다."

하비의 답변에는 제한된 합리성이 잘 설명되어 있다. 제롤드는 당시 자신에게 주어진 제한된 정보를 근거로 결정을 내린다. 수수료 지불조건을 모른다는 사실을 하비는 알고 있다. 정보의 불균형이다.

제한된 합리성은 두 가지 측면에서 활용될 수 있다. 자신이 의사결정을 할 때는 여러 가지 경우의 수를 염두에 두어야 한다. 특정 시점에서 최선으로 보였던 선택이 나중에는 그렇지 않을 수 있기 때문이다. 상대방의 제한된 합리성을 역이용하는 방법도 있다. 마치 하비가 제롤드의 무지함을 보기 좋게 공략한 것처럼.

며칠 후, 하비의 거짓말이 들통나고 제롤드는 격노한다. 하비의 로펌과 거래를 끊겠다고 엄포까지 놓자 제시카는 그의 시니어 파트너 승진을 전격 취소한다. 당황한 하비는 마이크를 불법채용한 사실까지 들통나면 변호사 자격까지 빼앗길까봐 전전긍긍한다.

"개인적인 감정은 없어. 미안하지만 해고야."
"제가 남으면, 거짓말이 들통나서 변호사 자격을 잃을까 걱정하시는 거죠?"
"……"
"저를 해고하시면, 제가 폭로할 수도 있어요. 그러면 더 확실하게 자격을 잃으실 텐데요."
"나를 끌고 가겠다는 거야?"
"저는 단지 제 자리를 당신 옆에 놓을 뿐입니다."

이 장면은 마이크의 임기응변을 잘 보여준다. 자신이 하비의 옆자리에 있기 때문에 자신이 다치면 하비도 다친다는 뜻이다. 마이크 입장에서는 두 사람은 '운명공동체'란 뜻이다. 물론 하비 입장에서는 '물귀신 작전'이다. 각자의 입장에 따라서 보는 관점이 달라진다. 문제는 둘이 한배를 탄건 사실이지만 피해규모는 다르다. 채용파트너의 책임까지 짊어진 하비는 더 큰 대가를 치러야 한다. 하비가 잃는 것이 훨씬 더 많기 때문에 손해 보는 장사인 셈이다.

직장상사인 하비는 마이크를 해고할 권한이 있다. 그에 상응하는 책임도 따른다는 점을 일깨워준 것이다. 권한만 생각하고 책임을 생각하지 않았던 자신의 과오를 깨닫는다. 상황에 따른 제한된 합리성이다. 순간 기막힌 협상 전략이 떠오른다. 신속히 마이크를 재고용한 후, 제시카 사무실로 달려간다. 하비는 승진을 시켜주지 않으면 자신의 클라이언트를 모두 데리고 경쟁사로 옮길 것이라고 소리친다.

제시카는 변호사 윤리위원회에 회부할 것이라고 엄포를 놓지만, 하비는 그렇게 할 수 없다고 큰소리친다. 제롤드에게 거짓말을 할 때, 로펌 대표변호사인 그녀도 현장에 함께 있었지만, 아무런 문제제기를 하지 않았기 때문이다. 게다가 제롤드에게 하비의 주장이 맞다고 적극적으로 편까지 들었다.

클라이언트에게 알릴 법적의무를 저버린 변호사는 바로 그녀였다는 사실을 일깨워준 것이다. 만약 제시카가 하비를 변호사 윤리위원회에 세운다면, 그녀도 함께 서야 한다는 점을 명확히 한다. 마치 하비가 마이크를 해고하면 하비에게 더 큰 문제가 발생하는 것처럼 말이다. 제시카는 이미 돌아올 수 없는 다리를 건넜다.

마이크가 자신에게 쓴 '물귀신 작전'을 자신의 상관에게 그대로 활용한 것이다. 상관을 이기려는 것이 아니라, 상관과 함께 끝까지 가겠다는 논리이다. 이미 한배를 같이 탄 운명공동체라는 의미이다. 상대방이 잘 파악하지 못한 중요한 사실을 언급함으로써 자신이 원하는 방향으로 유도하는 방식이다.

제한된 합리성을 적절히 활용하면 협상 전략을 짜는 데 도움이 된다. 불협화음을 조율하는 협상력이 중요하다. 상대방이 모르거나 관심이 없는 사항을 적극적으로 공략하라. 상대방의 지위에 따른 권리와 책임 등의 상관관계를 각인시켜 주면서 상대방을 자신이 원하는 방향으로 유도할 수 있다.

주의할 점이 있다. 정복자처럼 군림하는 것이 아니라 동반자처럼 존중해야 한다. 클라이언트에게 격렬하게 대들다가 거짓말이 들통나서 자신에게 가장 중요한 것(시니어 파트너 승진 기회)을 잃을 뻔했던 '구원투수' 하비의 전철을 밟아선 안 된다. 상대방의 자존심은 건드려선 안 된다. 게임이론의 기초가 되는 '제한된 합리성' 원칙을 활용한다면, 다양한 이해당사자들을 설득하는 데에 보다 효과적일 수 있다.

공통분모를 찾아라

어느 금요일, 대학후배와 점심을 같이 먹었다. 직장생활에 분주한 후배는 혼기를 놓친 지 꽤 오래되었다. 불혹의 나이를 훌쩍 넘어선 그에게 결혼은 그리 쉽지 않은 과제였다. 결혼 적령기라는 표현 자체가 무색해진 현대사회. 외로운 후배는 오늘도 마음을 둘 곳이 없다.

보다 못한 필자는 결혼상담소를 제안했다. 실제 성공사례로 간간이 들려왔기 때문이다. 후배의 첫 반응은 냉랭했다. 공개된 프로필을 믿을 수 없고, 허위정보가 많다고 했다. 회원 수가 많다고 홍보하는 곳 중 하나를 추천해주었다. 며칠 후, 후배에게서 전화가 왔다.

"예상대로입니다."
"뭐가?"
"프로필 중에 가짜가 많은 것 같아요."
"그걸 어떻게 아니?"
"가입한 지 벌써 3주가 흘렀는데, 통 연락이 없네요."

며칠 후, 후배가 언짢은 목소리로 다시 전화했다. 다짜고짜 계약을 해지했다고 한다. 가입한 후 한 달쯤 돼서 첫 연락이 왔었는데, 프로필이 맘에 안 든다고 거절했다고 한다. 그러자 커플매니저가 휙 던진 차가운 말 한마디.

"외모를 보시는군요."

의문의 1패. 사람마다 우선순위는 다르겠지만, 외모를 전혀 안 보는 사람이 과연 이 세상에 있을까? 노총각은 외모도 보면 안 되는 것일까? 자존심이 잔뜩 상한 후배는 회원탈퇴라는 초강수를 뒀다. 전혀 예상치 못한 새로운 문제가 생겼다.

"전액 환불이 안 된대요!"
"왜? 한 명도 안 만났잖아."
"약관에 따라서 20% 떼고 준다고 하네요."

확인결과, 그 결혼상담소는 공정거래위원회에서 만든 '국내결혼중개 표준계약서'를 쓰고 있었다. 결혼상담소와 관련된 분쟁이 워낙 많다 보니, 정부기관에서 표준계약서까지 만들어서 배포한 것이다. 위에서부터 꼼꼼히 읽어 내려가다가 계약해지 환급조항을 찾았다.

"3. 계약해지시 회원가입비는 〈소비자분쟁해결기준〉(결혼중개업, 공정거래위원회고시)에 따라 환급합니다."

진정한 프로가 작성한 표준계약서인 듯했다. 훌륭한 계약서는 읽는 사람들을 무척 귀찮게 한다. 이건 여기로, 저건 거기로. 이리저리 똥개 훈련을 시키기 때문이다. 전체 내용을 확실히 이해하지 못할 경우, 다람쥐 쳇바퀴를 돌듯이 시간만 허비할 수 있다. 공성거래위원회 홈페이지에서 소비자분쟁해결기준을 다운로드 받았다. 후배에게 전화를 걸었다.

"표준계약서를 사용했네."
"객관적이고 좋은 것 아닌가요?"
"꼭 그렇진 않아."
"왜죠? 정부에서 만든 거면 믿을 수 있지 않나요?"
"적극적으로 참여하는 한쪽 의견이 많이 반영되지. 업계는 똘똘 뭉치지만, 소비자는 무관심하지."

그렇다. 협상 중에 제3자의 정보나 자료를 이용할 때 주의해야 한다. 완벽한 정보가 없듯이 완벽한 중립도 없다. 누군가에게는 불리하고 누군가에게는 유리한 조항이 있기 마련이다. 이런 유불리 상황을 신속히 파악하고 대응전략을 짜야 한다.

"귀책사유가 중요하군."
"귀책사유가 뭔가요?"
"잘못해서 책임을 지는 이유지. 횟수제로 계약했니? 아님 기간제?"
"다섯 번 해주기로 했는데, 한 번도 못 만났죠."
"종교나 직업 같은 희망조건을 말했니?"
"기독교, 5년 연하 정도만 말했어요."
"희망조건과 다르거나 허위 프로필은 없었니?"
"네, 아직까지는요."
"그러면 20%를 뜯기겠네."
"한 번도 못 만났는데요?"
"억울하지만 표준계약서에 그렇게 쓰여 있어."

울며 겨자먹기 식으로 가입비의 일부를 날린 후배. 정작 심각한 문제는 그 후에 벌어졌다. 계약해지를 했지만, 가입비의 80%를 3개월 후에 준다고 했다. 위약금 조로 돈을 뺏긴 것도 억울한 상황에서 나머지 돈도 즉시 환불을 안 해준다니. 이게 도대체 무슨 말인가.

"그쪽 근거는 뭐니?"
"원래 그렇게 처리한대요."
"계약서에 그런 내용 없던데."
"상관례라고 계속 우겨요!"

제14조 (약관의 해석) 이 약관에서 정하지 아니한 사항과 이 약관의 해석은 관계법령 및 상관례에 따릅니다.

"말이 안 되는 소린데."
"이런 방식으로 탈퇴회원들의 프로필을 계속 홈페이지에 올려두나봐요."
"회사홍보 차원에서 회원수가 중요하겠지."

너무 당황스러운 상황을 해결하기 위한 돌파구가 필요했다. 이미 1라운드 '가입비 환불 협상'에서 패배한 차라 더 이상 물러설 수 없었다. 배수진을 쳤다. 자존심이 걸려 있다. 표준계약서를 다시 한번 꼼꼼히 읽어 내려갔다. 회사 측의 상관례 주장을 누를 수 있는 대응논리가 필요했다. 과연 상대방이 가장 원하는 것은 무엇일까? 핵심을 찔러라!

"환급지연은 불법이야."
"왜죠?"
"계약해지시, 개인정보를 '지체 없이' 파기해야 되거든."
"네에? 표준계약서에 있었는데 왜 그 말을 안 해줬죠?"
"자기네에게 유리한 이야기만 하니까. 개인정보 보호조항 위반이라고 말해봐."

제12조 (개인정보의 보호)
⑦ 회사 또는 그로부터 개인정보를 제공받은 제3자는 계약의 해지 기타 개인정보의 수집목적 또는 제공받은 목적을 달성한 때에는 당해 개인정보를 지체 없이 파기합니다.

다음 날, 후배에게 반가운 전화가 왔다. 개인정보 조항을 들먹였더니 당장 환불해준다고 답이 왔다고 한다. 특이한 사실은 원래 통화를 하던 직원의 상사가 직접 연락을 했다. 회사 내부에서 상황의 심각성을 인지한 것으로 보인다.

표준계약서처럼 객관적인 근거로 협상을 할 때 주의할 사항이 있다. 제3자의 관점에서 작성되어서 객관성이 담보된다고 생각되지만 오히려 편파적일 수 있다. 표준계약서 작성시 주로 한쪽만 적극적으로 참여하기 때문이다.

그럴 경우, 표준계약서 전체 조항을 꼼꼼히 읽으면서 상대방에게 일방적으로 불리한 조항 일명 '독소조항'을 찾는 방법이 가장 효과적이다. 상관례라고 우기면서 계약금 지급을 지연하려다가 개인정보 보호조항 위반이라는 말에 혼쭐난 결혼정보회사 사례처럼. 결혼상담소 입장에서는 탈퇴회원의 정보도 계속 가지고 있어야만 회사홍보를 하고, 보다 많은 신규회원을 유치할 수 있다. 바로 그 점에서 힌트를 얻은 역발상 전략이다.

정보의 불균형을 역이용하라

자신이 정보가 부족할 경우 상대방과의 정보량 차이를 비교해볼 필요가 있다. 구체적인 사실관계 확인을 통해서, 부족하지만 확실한 사실을 추려내는 작업을 해야 한다. 논리퍼즐을 하나둘씩 메꾸어가는 것이다. 많은 시간과 노력이 필요하지만 반드시 거쳐야 하는 과정이다. 이런 과정을 통해서 예상치 않은 고급정보를 입수할 수도 있다.

"교수님, 동업계약서를 아시나요?"

'협상' 수업이 끝난 후, 한 학생이 강단으로 다가와서 물었다. 가끔 학생들이 무료 법률상담을 해오곤 한다. 동업계약서는 학생들이 자주 물어보는 사항이 아니라 자세한 내용이 궁금해졌다. 학생이 차근차근 설명하기 시작했다.

"제가 개인사업을 하려고 하는데요."
"어느 분야인가요?"
"온라인 교육사업입니다."
"이슈가 뭔가요?"
"공동대표로 운영을 하려구요."
"50:50으로 하시는 건가요?"
"아니요. 초기투자는 제가 100% 투자합니다."

그 학생의 고민은 이렇다. 관련분야의 경험이 많은 베테랑 교육전문가와 동업해서 손쉽게 사업을 하고 싶다. 자신이 자본금을 전액 투자하고 상대방은 노하우를 제공하는 구조이다.

동업파트너의 행동이 어딘가 미덥지 않은 구석이 있다. 열 길 물속은 알아도 한 길 사람 속은 모른다. 상대방이 진짜 원하는 것이 무엇인지를 파악해야 한다. 잠시 고민한 후, 한 가지 제안을 했다. 먼저 미끼를 던지는 것이다.

"50:50으로 하자고 해보시죠."

"네에?"
"초기 투자비용을 확 줄여서라도."
"만약 싫다면요?"
"단독대표로 등록하신 후, 컨설팅비를 넉넉히 주겠다고 제안해보세요."
"네, 알겠습니다."
"결과를 알려주세요!"

일주일 후, 같은 학생이 다시 찾아왔다. 지난주에 내준 숙제의 답을 가지고 왔다. 약간은 답답한 목소리 톤으로 말했다.

"공동대표를 원한대요."
"역시 예상대로군요."
"뭐가요?"
"직함에 목숨을 걸었군요."

그는 직함을 간절히 원했다. 공동대표로 망하면 아무것도 못 건지지만, 컨설팅을 해주면 목돈을 벌 수 있는데 말이다. 돈을 버는 것이 주목적은 아니라는 뜻이다. 자기자본 투자 없이 명함만 파고 남의 돈으로 자기 사업을 할 생각이었다. 상대방이 자신의 말을 듣도록 안전장치까지 해두었다. 정말 치밀한 사람이었다. 학생이 새로운 이야기를 들려주었다.

"다른 사람과도 회사를 세운다던데요."
"아마 그렇진 않을 겁니다."
"왜요?"

"지난 10년간 말만 했지 진전이 전혀 없었다면서요."
"그 이야기를 왜 꺼냈을까요?"
"압박카드 같은데요. 딴소리 못 하게 하는 거죠."

다른 파트너와 동업을 한다는 주장은 큰 의미가 없다. 두 가지 중 하나이다. 있지도 않는 동업계획으로 허풍을 치든가 아니면 10여 년간 탁상공론만 벌여온 것이다. 만약 허풍이라면 협상의 압박카드로 쓰기 위한 허수일 뿐이다. 만약 사실이라도 사업성이 현저히 낮은 계획이라는 사실이 반증된다. 과연 왜 지난 10여 년간 아무것도 안 했을까? 아니면 못했을까? 창업의 꿈에 한껏 들뜬 학생이 질문한 터라서 가능한 긍정적인 답변을 주어야겠다는 생각이 들었다.

이야기를 듣다 보니 여러 군데가 이상했다. 공동대표를 하겠다는 사람의 입장이 너무 특이했다. 10년 이상 같은 사업아이디어를 가지고 있으면서도 아무것도 안 한 사람이 자기보다 스무 살이나 어린 학생과 동업을 한다고 한다. 게다가 다른 친구와 비슷한 사업을 한다고 했다. 도대체 그 동업자가 진정 원하는 것은 무엇일까? 논리적인 모순을 발견했다.

"그 사업계획에는 문제가 있습니다."
"뭐가요?"
"두 회사에서 동시에 일한다는 생각이 문제입니다."
"왜요?"
"서로 경쟁관계에 있기 때문입니다."

학생은 제한된 정보를 통해서 중요한 결정을 내려야 하는 상황에 처했다. 정보와 능력이 제한된 상황에서 최적의 대안을 선택하는 방식이다. 제한된 합리성이다. 경영결정 뿐만 아니라 협상에서 제한된 합리성은 적용된다. 대부분의 경우 협상 당사자 모두 완전한 정보를 가지고 있지 않다. 결국은 제한된 정보에 의해서 발생한 빈 공간을 어떻게 논리적으로 채우는가가 중요하다.

정보의 불균형이 있을 경우에 유의해야 한다. 상대방이 자신보다 더 많은 정보를 가진 경우에는 정보격차의 내용을 가능한 자세히 파악해야 한다. 모른다는 사실을 아는 것이 앎의 시작이라고 가르쳤던 소크라테스의 격언처럼.

첫 번째 주에는 두 가지 정보를 가지고 있었다. 파트너가 자본투자를 기피하나, 공동대표직에 집착한다는 사실이다. 두 번째 주에는 그가 제3자와 비슷한 사업을 준비하고 있다는 주장이다. 사실 확인 자체가 어려운 상황이므로 사실보다는 그 파트너의 일방적인 주장으로 보는 것이 합리적이다.

큰 틀에서 보면 그 파트너의 새로운 회사설립 여부는 큰 의미가 없다. 하지만 그 주장을 통해서 그의 진의를 파악할 수 있다. 동시에 경쟁사를 만들겠다는 취지이다. 그 학생과의 동업이 잘못된다면 언제든지 배를 갈아탈 수 있다. 그에게 그 학생과의 동업 성공여부는 그리 중요하지 않다는 의미이다.

협상에서 정보의 불균형을 대처하는 방법이 있다. 주장과 사실을 구분한다. 사실여부를 확인하기 어려울 경우에는 일방적인 주장으로 보는 것이 바람직하다. 사실이라면 의사결정 시 고려사항이지만 만약 주장일 뿐이라면 참고만 하면 된다.

그 주장 자체보다는 그 주장을 하는 의도 또는 목적을 함께 파악한 후

종합적으로 분석을 해야 한다. 전체적으로 큰 그림을 그려보는 것이다. 주어진 정보 가운데에서 중요한 것들을 추려내는 과정이 필요하다. 학생의 동업계약서 사례처럼 경쟁사를 만들겠다는 의도는 처음부터 이해상충이 되기 때문이다.

전체를 보고 판단하라

어느 토요일 오후, 금융업에 종사하는 후배에게 전화가 왔다. 경영학과를 졸업한 후, 증권회사에서 지긋이 근무해왔다. 서로 반가운 목소리로 미주알고주알 즐거운 대화를 나눴다. 잠시 후, 후배가 물었다.

"형님, 제가 회사에서 못 받은 돈이 있는데요."
"엉? 왜?"
"블록딜 때문에 금융감독원 조사가 들어가서요."
"블록딜?"
"주식을 대량으로 한 번에 거래하는 거죠."

금융뉴스에서 관심 있게 읽었던 블록딜 이야기를 해서 궁금해졌다. 대량거래를 하기 때문에 곧바로 주가가 폭락하는 경우가 많다. 바로 이 부분을 금융감독원에서 주가조작으로 판단한 것이다.

"미지급 사유가 뭔데?"

"민원이 들어와서 안 된대요."
"민원이 뭔데?"
"검찰 수사의뢰 같은 거요."
"그럼 언제쯤 해결되는데?"
"그게 문제예요. 거의 3년을 기다렸어요."
"혹시 임금채권 소멸시효가 된 거 아니냐?"
"잘못하면 못 받을 것 같아요."
"임금채권은 3년간 행사하지 않으면 시효로 소멸돼."

동네후배는 퇴사한 지 3년 동안 상여금을 받지 못하고 있었다. 그런데 약간 이상한 점이 있었다. 회사 측에서 미지급 사유로 제시한 '민원'의 뜻이 애매했기 때문이다.

"민원의 정의가 사규에 나오니?"
"아니요. 인사규정 어딘가에서 본 것 같아요."
"꼭 확인해보렴. 법적으로는 매우 중요하거든."

다음 날 오전 후배에게서 다시 전화가 왔다. 민원의 정의가 근로계약서 또는 사규에는 없다고 했다. 도대체 어찌 된 일일까? 순간 내 동물적인 촉이 들어왔다.

"회사에서 돈 주기 싫어서 핑계되는 것 같다."
"설마요! 내부감사에서도 별문제 없었는데요."
"바로 그 점이 가장 이상해."

"법무팀에서는 양벌규정 때문이라던데요."
"그건 아닌데."
"예? 왜요?"
"양벌규정은 직원이 잘못하면 회사도 함께 책임을 지는 거지."
"회사가 벌금형을 받을 수 있지 않나요?"
"그걸 경우, 회사가 너를 상대로 손해배상을 청구하면 되지."
"처음부터 미지급할 이유가 없다, 이거죠?"
"맞아."

양벌규정 논란을 거치면서 회사가 돈을 지불하지 않으려 한다는 확신이 들었다. 후배에게 관련조항을 보내달라고 했다. 잠시 후, 회사직원이 보내온 사진을 보내줬다. 사규의 일부로 보이는 소항이 있었다. 문제는 거기에도 '민원'의 정의는 없었다.

"문서 전체를 파일로 달라고 하렴."
"며칠째 소식이 없어요."
"그럼 거의 확실하네."
"뭐가요?"
"안 주는 게 아니라 못 주는 거!"
"왜요?"
"처음부터 없는 조항이라서 못 보여주는 거야."
"그럼 어떻게 하죠?"
"민원이 해소되면 지급할 거냐고 물어봐."

몇 시간 후 다시 전화가 걸려왔다. 이번에 매우 격앙된 목소리였다. 자신이 굳게 믿어왔던 회사가 자신을 속였다는 배신감에 빠진 듯했다. 믿는 도끼에 발등을 제대로 찍혔다.

"민원이 해소돼도 모른대요."
"최악의 상황이군. 정확히 뭐라고 해?"
"그때 회의를 해봐야 한데요."
"민원이 걸려서 안 준다더니만, 해소돼도 안 준다."
"더 황당한 건요, 이젠 전화도 안 받아요!"

잠시 후, 후배는 새로운 사실을 알려줬다. 당시 팀원으로 '블록딜' 프로젝트에 참여했던 직원들의 근로계약서에는 문제의 지급제한 규정이 있었다. 이사급인 자신의 근로계약서에는 없던 내용이 말이다. 즉, 임원에게는 적용되지 않고 직원에게만 적용된 회사규정이었다. 곧 후배는 분노했다.

"너무하는군요."
"회사는 처음부터 돈 줄 생각이 없던 거 맞네."
"그래서 사규를 계속 안 보내준 거군요."
"맞아. 너에게는 적용되지 않는다는 사실을 첨부터 안 거지."
"그냥 저는 지급해줄 수 있었잖아요."
"형평성 문제가 있었겠지. 직원들은 안 주고, 이사는 주고."

상대방이 협상 도중에 특정사실에 대해서 문제를 제기할 수 있다. 그럴 경우, 대응논리를 준비하기 위해서 관련조항을 검토 및 분석해야 한다. 만약 상대방이 일부내용만 공개할 경우는 어떻게 해야 할까? 이 시점에서 가장 중요한 것은 상대방의 협상 타결 의지이다. 협상 결과에 큰 영향을 줄 수 있는 중요사항이 미공개 부분에 포함될 경우, 딜이 깨질 수 있기 때문이다.

관련정보 전체를 확보하기 위한 노력이 필요하다. 부분적인 분석으로는 상대방의 의도를 확실히 이해하기에는 한계가 있다. 만약 상대측이 중요사항 공개를 계속 거부한다면, 협상 타결 의지가 없을 가능성을 염두에 두어야 한다. 이럴 경우 입수가능한 정보를 근거로 논리적 추론을 하는 족집게 전략이 필요하다.

전략 : 지배적인 전략 vs. 최적대응 전략

　게임이론의 세 번째 요소는 전략이다. 게임이론은 주어진 상황에서 어떤 선택을 할 것인가를 결정한다. 상대방이 어떤 선택을 할 것인가를 미리 염두에 둔다.

　게임이론의 전략 중에 '지배적인 전략'이 있다. 다른 참가자의 결정을 무시하는 '묻지 마 전략'이다. 지배적인 전략을 펼칠 경우에는 문제가 발생할 수 있다. 상대방과의 공감대 형성이 어려워진다. 이럴 경우, 상대방 요구사항에 비추어서 현실적인 절충안을 제시해야 한다.

　몇 달 만에 찾은 전통시장 칼국숫집의 주인이 바뀐 듯했다. 예전에는 손님들이 옆 테이블에서 이야기꽃을 피우며 국수를 먹고 있었는데 오늘은 핸드폰 메시지를 확인하던 직원만 눈에 띄였다. 360도 스캔을 해보니 음식점에 있던 세 명은 모두 주인과 직원으로 보였다.

　주문을 받으러 온 직원에게 물었다. 옛 추억을 되살리며.

"혹시 칼만세트가 있나요?"

식당직원이 대답을 얼버무리자 부엌 쪽에 멀찌감치 서 있던 주인이 다가와서 시큰둥하게 답했다.

"3개월 전에 없어졌어요!"

칼만세트는 칼국수와 왕만두 한 개를 묶어 파는 세트메뉴이다. 칼국수 한 그릇만으로는 포만감을 느끼지 못하는 사람들을 위한 배려 깊은 메뉴이다. 식당 주인이 바뀌면서 메뉴도 바뀌었다.
　문제는 새로운 주인의 태도이다. 맛집으로 동네방네 소문난 칼국숫집을 인수하긴 했지만, 전 주인이 어떻게 돈을 벌었는지에 대한 경영노하우는 전혀 모르고 있었다. 아니면 알면서도 세트메뉴를 좋아하지 않는지도 모른다. 어쨌든 간에 오랜만에 옛 추억을 되새기려는 단골손님의 꿈은 산산이 깨졌다.
　'손님은 항상 옳다'라는 영어표현이 있다. 사실 내가 그려본 아름다운 결말은 이런 것이었다. 고객은 왕이라는 표현까지는 쓰고 싶지 않다. 고객 감동이라는 핵심어를 되새겨봐야 할 것이다. 자신이 하고 싶은 메뉴에 집착하는 것이 아니라 손님이 원하는 메뉴를 개발하는 서비스 정신이 필요하다.
　죄수의 딜레마로 한번 분석해보자. 죄수의 딜레마는 두 명의 참가자가 각자 상대방에게 '협조'를 하는가이다. 칼국숫집 사장은 칼만세트가 필요하지 않다고 생각하고, 단골손님은 주문하길 원한다. 칼국숫집 사장의 지배인인 전략은 칼만세트를 팔지 않는 것이다. 오로지 자신이 원하는 메뉴만을 집착한다.

　반면 단골손님은 칼만세트 판매 여부에 따라서 다른 결정을 내린다. 맛집 대표메뉴가 더 이상 없다면 뒤도 안 돌아보고 식당 문을 박차고 나갈 것이다. 다른 참가자의 결정을 고려하는 눈치작전인 '최적대응' 전략을 취한 것이다.

　결과적으로 죄수의 딜레마 상황이 발생한다. 서로 간의 신뢰 부족이 문제다. 칼만세트를 팔고 먹는 그룹차원의 최선을 알지만 무시한다. 대신 자신에게 최악의 상황이 발생하는 것만을 막고자 한다. 결국은 그룹의 차선을 선택한다. 칼만세트를 안 팔고 다른 식당으로 가는 것이다. 이 게임에서는 승자가 없다.

게임을 지배하라

　게임이론의 세 번째 구성요소는 전략이다. 대표적으로 지배적인 전략이 있다. 상대방의 결정과 관계없이 일관된 결정을 내리는 전략이다. 상대방이 어떻게 나오든 자신의 초기입장을 고수한다.

　협상은 상대적인 측면이 있다. 너무 자기주장에만 집착할 경우, 파기될 수도 있다. 상대방을 압박할 수 있는 또 다른 카드가 있는 경우에는 자신이 원하는 결과를 도출할 수 있다.

　"뭐 좀 물어볼 게 있는데 법 쪽이라."

오랜만에 지인으로부터 카톡이 왔다. 상황은 이렇다. 경기도 OO시의 한적한 도로에서 교통사고가 발생했다. 지인이 자동차를 운전하며 가고 있는데 갑자기 왼쪽에서 자전거 튀어나왔다. 너무 갑자기 들어와서 미처 피하지 못해 살짝 부딪쳤다.

자전거 운전자는 자신이 피해자이며, 합의를 안 하면 형사처벌을 할 것이라고 협박했다. 지인이 꿈쩍도 안 하자 온갖 욕설을 퍼부었다. 지인은 참다못해 차 문을 열고 나갔다. 그러자 자전거 운전자는 지인의 얼굴을 주먹으로 때렸다. 참다못한 지인도 싸움에 휘말렸다.

"폭행사건이었군요?"
"네."
"그래도 다행입니다."
"뭐가요?"
"쌍방이라서 합의 가능성이 높겠네요."

결국 경찰까지 출동했다. 지인의 말로는 왠지 처음부터 찜찜했다고 한다. 사고 접수 후 주위를 살펴보니 인근 사거리에 CCTV가 하나도 없는 사각지대였다. 자전거는 파손되었고, 상대방이 미리 준비해 놓은 가해자 프레임에 덜컥 빠지고 만 것이다.

상대측에서 거액의 형사합의금을 계속 요구해 왔다. 완전히 사기를 당한 것 같은 상황이었지만 별다른 해결책이 보이지 않았다. 자초지종을 듣고 보니 상대방은 완전 전문 사기꾼이었다. 처음부터 CCTV가 없는 한적한 도로를 노렸다. 갖은 욕설로 협박하고 자극한 것도 일반적이지 않았다.

"합의해야 할까요?"

"아니요! 바로 그게 그쪽이 원하는 겁니다."

"어떻게 하죠?"

"강하게 나가셔야 합니다."

"어떻게요?"

"합의는 절대 안 한다. 법대로 하자!"

"그러다 진짜 그렇게 하면요?"

"아마 그럴 일은 없을 겁니다."

"왜죠?"

"그런 사람이 제일 두려워하는 게 뭔지 아세요?"

"……."

"기록이 남는 것이죠. 밥줄이 끊기거든요."

사기꾼이 가장 두려워하는 것이 바로 전과기록이다. 자신이 새로운 프로젝트를 할 때, 범죄조회에서 아무것도 잡히지 않아야 자기주장의 신빙성이 한층 더해지기 때문이다. 반대로 사기전과가 하나라도 있으면, 처음부터 사기꾼으로 몰릴 확률이 높다. 철저한 기록 관리는 자신의 전문성을 유지하는 데 가장 필수적인 요소이다.

몇 주 뒤, 지인에게서 다시 연락이 왔다. 협상 결과가 무척 궁금해졌다. 과연 어떻게 되었을까? 조심스럽게 사건 경과를 물었다. 지인은 새로운 사실을 알려주었다.

"방범 카메라가 한 대 있었어요!"

"어디에요?"

"멀찍감치요."

"잘됐네요."

"아니요. 오히려 불리해졌어요."

"왜요?"

"제가 때리는 장면만 나왔거든요."

"어떻게요?"

"회전용 방범 카메라였어요."

"회전 타이밍이 안 좋았군요."

"네, 그래도 잘 해결되었어요."

"어떻게요?"

"진단서 갖다주고 서로 때린 것이라고 했죠."

진단서를 받은 후, 상대측이 거액의 합의금을 요구했다고 한다. 화가 머리끝까지 난 지인은 강하게 나가기로 다시 한번 마음을 먹었다고 한다. 상대방에게 같이 벌금을 내자고 했다고 한다. 당신은 나쁜 놈이니까 벌금을 내라고 했단다.

일반적이지 않은 상황이다. 상대방이 비이성적으로 판단을 내리는 경우이다. 마치 치킨게임에서 자존심 대결을 하듯이. 나는 영웅, 너는 겁쟁이의 구도가 의도치 않게 펼쳐졌다.

예상치 않은 반응이 왔다고 한다. 자신이 계획했던 대로 일이 풀리지 않자, 입장을 바꿨다. 사기꾼에게 최악의 시나리오이다. 범죄기록을 남기는 것만큼은 무조건 막아야 한다. 자기 전문기술로 계속 먹고살려면 말이다. 덜컥 놀라면서 제발 합의해달라고 간곡히 빌었다고 한다.

"잘 끝나서 다행입니다."
"솔직히 차에서 내릴 정도로 욕하고 협박해서 좀 후달리긴 했죠."
"마음고생 많이 하셨군요."
"변호사님 조언대로 강하게 나갔더니 잘 해결된 듯해요!"

위의 협상에서 두 명의 참가자는 모두 지배적인 전략을 구사했다. 상대방의 의사결정에 관계없이 미리 정해놓은 한 가지 선택을 하는 것이다. 지배적인 전략을 구사하려고 할 경우에는 미리 논리적인 상황분석이 필요하다. 상대방이 정말 원하는 것이 무엇인지 정확히 파악해야만 지배적인 전략을 성공적으로 구사할 수 있다.

자전거 운전자는 무조건 합의를 원했다. 처음부터 형사합의를 목적으로 모든 계획을 짠 것이다. 문제는 상대방도 묻지 마 스타일의 지배적인 전략을 구사할 것이라고 전혀 예측하지 못했다. 일반적으로 자동차 운전자가 가해자로 지목될 경우, 지레 겁을 먹고 대부분 거액의 형사 합의금을 건네주기 때문이다.

예측은 보기 좋게 빗나갔다. 지인은 완강하게 합의를 거부했다. 바로 여기서부터 문제가 꼬이기 시작했다. 자전거 운전자는 '지배적 전략'으로 협상의 주도권을 차지하려고 했으나, 오히려 예상치 못한 상대방의 강공으로 주도권을 빼앗기고 결국 질질 끌려다니다가 합의를 구걸한 것이다. 제 꾀에 넘어간 꼴이다.

자전거 운전자는 본심과 표현이 달랐다. 본심은 무조건 합의한다. 최대의 합의금을 확보한다는 전제하에서 말이다. 상대방에게는 반대로 행동한다. 허수를 두는 것이다. 합의금을 최대한 많이 받기 위해 일종의 쇼를 하는 것이다. 향후 협상 과정에서 발생할 합의금 가격조정을 미리 감안한 치밀한 계산법이다.

상황변화를 주시하라

대학 후배에게 전화가 왔다. 대기업을 상대로 부동산 관련 소송을 몇 년간 하던 후배는 심적으로 지쳐 보였다. 변호사 수임료도 상당히 나와서 만에 하나 패소를 할 경우, 경제적인 손해가 막대할 것으로 보였다. ㅇㅇ지방법원에서 1심을 패소한 후, 다급한 목소리로 전화가 왔다.

"선배님, 집에서 쫓겨나게 됐어요."
"그게 무슨 소리야? 너희 집 아니었니?"
"맞아요. 안 나가면 강제 집행한대요."
"법적 근거가 뭔데?"
"딱지에 명도 집행이라고 쓰여 있던데요."
"그건 세입자들에게만 적용되는 건데."
"예외 조항이 있대요."
"뭔데?"
"건설사에 많은 피해가 생긴다는 것이죠."
"대기업이 국민의 재산권을 마구 짓밟는구나! 정확히 무슨 소송이니?"
"소유권이전등기청구 소송이요."
"대법원 확정판결 나기 전까지는 소유권 이전이 되지 않는 건데."
"다 필요 없대요. 건설사 이익이 우선인 거죠."

법은 멀고 주먹은 가깝다. 대학 후배의 가족은 수도권에서 30여 년간 살아왔다. 동네 터줏대감이 될 정도로 한곳에서 오래 살았다고 한다. 최근 시행사가 시청 공무원들을 등에 업고 자신을 집에서 쫓아내려고 한다고 했다. 조폭을 동원해서 집 근처를 빙빙 돌기도 하고, 시행사가 집에 와서 도장을 찍으라고 회유도 여러 번 했다고 한다. 21세기에 이런 일이 벌어지리라고는 상상도 못 할 일들이 벌어진 것이다. 후배 이야기를 듣다 보니, 도대체 법은 누구를 위해서 존재하는 것인가 하는 허탈감에 빠졌다.

"무조건 저희 집을 지킬 겁니다!"

대학 후배와 가족들은 한마음으로 똘똘 뭉쳤다. 하지만 법원의 강제집행을 막으려고 백방으로 노력했으나 역부족이었다. 그래서 요즘에 '헬조선'이라는 말이 나오는구나. 두세 달 후, 다시 연락이 왔다.

"형님, 저희 집이 없어졌어요."
"엥? 그게 무슨 소리야?"
"시행사에서 불법으로 철거했어요."
"그건 형사처벌 대상인데."
"시행사는 앞뒤 안 가려요."
"당장 형사고발을 하렴."

후배사건은 ○○고등법원에서 항소심이 진행됐다. 1심에서 패소해 집에서 강제로 쫓겨났지만, 항소심에서는 반전이 생겼다고 한다. 시행사 측 법률대리인이 중요한 사실을 법원에서 허위진술을 해서 판사가 상당히 열을 받았다고 한다. 원래는 변론 세 번으로 3개월 정도면 끝나는데, 판사가 변론기일을 연장하면서 소송의 흐름이 후배 쪽으로 유리하게 흘러가기 시작했다. 그러던 어느 날, 후배가 새로운 고민 상담을 했다.

"이거 계속해야 할까요?"
"2심은 유리하게 된다면서."
"그래서 더 문제예요."
"왜?"
"저희가 이기면 시행사가 파산할지도 몰라요."
"그게 무슨 소리야?"
"돈을 못 받고 돌아갈 집도 없는 상황이 생기죠."
"불법철거를 해서 그렇군. 검찰 조사는?"
"아직도 조사 중이랍니다. 벌써 두 달째예요."
"만약 지면, 법원 공탁금밖에 못 받는대요. 액수가 너무 적어요."
"그렇다면 합의를 하는 것이 좋을 것 같은데."
"그쪽에서 안 하지 않을까요?"
"꼭 그렇지 않을 거야. 지난번에 형사고발했잖아."
"네."
"그쪽에선 민사소송을, 넌 형사소송을 서로 퉁치는 거지."

며칠 후, 후배에게 전화가 왔다. 자기가 합의를 제안하자 예상외로 상대측에서 금방 받아들였다고 한다. 3년간의 긴 소송이 마침내 끝나게 된 것이다. 궁금한 점이 하나가 생겼다.

"보상금은 얼마 받기로 했니?"
"1심 판결금액과 시행사 제안금액의 중간으로 했어요."
"합리적인 제안이네."
"그쪽도 그리 불리한 액수는 아니죠. 원래 주기로 했던 금액보다 훨씬 적으니까요."
"변호사 비용은?"
"각자 내기로 합의했어요."
"합의서 내용에 포함시켰니?"
"아니요. 서로 믿고 하는 거 아닌가요?"
"반드시 문구를 집어넣어야 해. 나중에 딴소리 못 하게."
"'모든 소송비용은 각자 낸다'라고 하면 될까요?"
"응. 행정소송도 포함시켰니?"
"OO시청 건축과 공무원이 직접 중재한 건데요."
"합의당사자가 아니잖아. 시청을 대리한 로펌에서 요구하면 줘야 해."

첫 번째, 두 명의 참가자들(후배와 시행사)은 모두 지배적인 전략을 구사했다. 모두 자신의 초기입장을 고수했다. 서로 원할 경우 합의가 가능하지만 결과는 민사소송이다. 양측은 상대측의 결정에 관계없이 자신이 생각하는 최선의 결정을 고집한다.

둘째, 게임이론 관점에서 네 가지 가능성이 있다. 두 명의 참가자들(후배와 시행사)과 두 개의 전략(협력과 비협력)이 있다. 양측이 협력할 경우, 합의가 가능하다. 후배만 협력하면 법원 공탁금을 받고 끝난다. 시행사만 협력할 경우, 보상금액이 올라갈 것이다. 양측 모두 협력하지 않으면 민사소송을 하게 된다.

셋째, 양측이 상대측을 불신하고 비협력을 할 경우, 서로 배신하는 죄수의 딜레마 상황이 벌어진다. 모든 참가자가 최선의 결과가 합의임을 알면서도 자신의 보수 극대화를 위해 차선을 선택하는 게임 유형이다.

넷째, 반전이 발생한다. 양측의 최적대응이 바뀌는 것이다. 민사소송의 결과를 어떻게 예측하는 관점의 차이다. 시행사 측은 패소할 수 있다는 위기의식에 빠졌다. ○○고등법원 항소 후, 상황이 불리하게 돌아가기 때문이다. 후배 측에도 반전이 발생했다. 승소해도 얻을 것이 없는 상황이 됐다. 시행사의 불법철거로 돌아갈 집이 없어진 상태에서 시행사가 패소해서 파산할 경우, 법원 공탁금밖에 받을 수 없는 최악의 시나리오에 직면하게 될 것이다. 민사소송을 안 해도 법원 공탁금은 언제든지 받을 수 있기 때문이다.

위 사례처럼, 협상 전략을 수립할 때 상황변화에 따라 적절히 수정해야 한다. 일반적으로 모든 참가자는 자신의 초기입장을 고수하는 지배적인 전략으로 시작한다. 실제로 이 같은 '나 몰라' 전략이 효과적인 경우도 있다.

만약 협상 상황이 변동될 경우에는 신속히 '최적대응' 전략으로 수정을 해야 한다. '나 몰라'에서 '눈치작전'으로 작전 변경을 하는 것이다. 타이밍이 매우 중요하다. 또한 상황변화가 양측에 영향을 줄 경우에는 바로 그 점을 활용해서 상대측을 효과적으로 설득할 수 있다.

불확실성이 좌우한다

게임이론 중에서 '평화와 전쟁 게임'이 있다. 두 명의 참가자가 서로 불신하는 '죄수의 딜레마'와 비슷하다. 크게 두 가지 차이점이 있다. 참가자들이 정확한 게임 횟수를 모르고 배신하면 보복을 당할 수 있다는 사실을 안다. 바로 그 두 가지 사실 때문에 서로 협력하게 된다.

평화와 전쟁 게임은 국제정치 무대에서 흔히 볼 수 있다. 국제분쟁의 경우, 관련국들은 사건 초기에 강경한 입장을 취한다. 협상에서 더 유리한 위치를 선점하기 위한 전략적인 포석이다. 한국과 중국 간의 한반도 사드 배치 사태를 예로 들어보자. 사드는 적군의 미사일을 격추시키는 공중방어 시스템이다. 날아오는 적군의 미사일을 공중에서 요격한다. 업그레이드된 방어용 미사일 시스템이다. 국내에 배치된 패트리어트 미사일보다 높은 위치에서 더 빠르고 정확하게 요격한다.

"한·중 사드 분쟁은 언제쯤 끝날까요?"
"곧 끝날 겁니다!"
"네에? 그렇게 빨리요? 왜죠?"
"길게 끌수록 중국이 더 손해 보기 때문이죠."

한·중 사드 배치 갈등이 생긴 후, 지방공무원 연수세미나에서 주고받은 대화이다. 행사에 참석한 공무원들은 깜짝 놀란 기색이었다. 당시 큰 이슈였던 사드 사태 대응 전략을 수립하느라 엄청 고생했기 때문이다. 자신의 위치와 입장과는 다르게 사태가 흘러가는 경우가 종종 발생한다. 단기적으로 효과적일 것 같은 해결책이 장기적으로도 그렇다는 보장은 없다.

"중국 정부는 왜 그리 반대할까요?"
"레이더망 때문이죠."
"공격용이 아니라 방어용인데요?"
"레이더망 범위에 중국 본토 일부가 포함돼서요."
"그게 그리 중요한가요?"
"내로남불입니다."
"네에?"
"내가 하면 로맨스, 남이 하면 불륜이죠!"
"왜요?"
"중국군은 이미 한반도 전역을 레이더 감시망에 포함시켰죠."
"중국은 되고, 한국은 안 된다. 이런 논리군요."
"그렇죠. 그래서 내의명분이 약하죠."

사드 사태가 한·중 갈등 문제로 불거진 이유는 중국 정부의 한국 여행 자제권고 등의 보복행위 때문이다. 중국 관광객 수가 급감하면서 명동, 제주도 등 대표적인 중국인 관광지는 상당한 타격을 입었다.
점차 시간이 흐르자 국내 여론도 강경해지기 시작했다. 중국 여행을 가지 말자는 분위기가 일어나기 시작했다. '눈에는 눈, 이에는 이' 식으로 맞대응을 하는 것이다. 계단형 강의실 맨 앞줄에 앉은 공무원이 손을 번쩍 들고 비장한 눈빛으로 물었다.

"우리나라가 더 손해 보지 않을까요?"
"왜죠?"
"한국을 찾는 중국 관광객 수가 훨씬 많으니까요."

"물론 그런 면이 있죠. 그리 오래 끌진 못할 겁니다."
"왜요?"
"결국 한국 관광객 수도 줄기 때문이죠."
"우리나라 손해가 더 클 것 같은데요?"
"네, 단기적으로는요."
"장기적으로는요?"
"머지않아 중국이 도움을 청할 겁니다."
"왜요?"
"시간을 너무 끌면 정치적인 부담이 되죠. 영원한 적도 없고 동지도 없죠."

경쟁 관계에서 한쪽이 일방적으로 배신하면 다른 한쪽도 상응하는 조치를 취한다. 전문용어로는 '팃포택 전략'이라고 부른다. '즉시 보복한다'는 뜻이다. 처음에는 협력하고, 그 후에는 상대의 조치에 대응하는 것이다. 만약 상대가 협력했다면 협력하고, 배신했다면 배신하는 것이다.

예외인 경우도 있다. 상대방이 전쟁을 일으키더라도 평화적 입장을 취하는 경우가 드물게 발생한다. 예컨대 자신의 움직임이 상대방에게 잘못 알려졌을 경우이다. 상대방에게 서로 전쟁을 거는 악순환을 막을 수 있는 장점이 있다. 향후 한·중 사드 분쟁이 풀릴 수 있는 해결책 중 하나로 보인다. 양국이 서로 일정부분 오해를 했다는 식으로 사건을 일단락 짓는 방법이다.

협상 전략 수립에 평화와 전쟁 게임은 시사하는 바가 크다. 개개인의 이익뿐만 아니라 그룹 전체의 이익을 고려해야 하기 때문이다. 평화 모드를 얻기 위해서는 미래에 대한 불확실성 및 보복 가능성이 있어야 한다. 상대방을 설득하는 논리로 사용하면 효과적일 수 있다.

협상은 서로 원원하는 것이다. 여러 가지 실제 사례를 자세히 설명하면서 설득하면 더욱 효과적이다. 협상 타결을 위해서 사소한 분쟁의 소지를 없애고 더 큰 틀에서 합의하려는 상호노력이 필요하다.

원원전략을 수립하라

전 세계가 코로나 사태를 맞으면서 초등학교부터 대학교까지 모든 교육과정에서 온라인 강의가 시작됐다. 강의 효과와 학생만족도에 대한 의견이 분분했지만 온라인 강의 형식은 서서히 뿌리를 내리기 시작했다. 화상회의 프로그램에 대한 학생평가는 상당히 엇갈린다. 오랜만에 만난 교수에게 물었다.

"다음 학기는 대면 수업을 하시나요?"
"네, 안 교수님은요?"
"저희는 비대면 수업으로 결정됐어요."
"왜요?"
"외국학생이 상당히 많고 캠퍼스 확진 사례도 많아서요."
"학생들 불만은 없나요?"
"많죠. 벌써 4학기째 줌으로 수업했어요."
"얼굴을 한 번도 못 본 학생도 있으시겠네요?"
"한 번도 못 보고 졸업한 경우도 있어요."

코로나 사태가 지속되면서 국내대학들은 매 학기 대면 수업 전환 여부를 가지고 고심을 거듭했다. 그때그때마다 정부 방역지침을 따라야 하고, 학생들의 요구사항도 고려해야 하는 이중고를 겪었다. 몇몇 대학에서는 학생들의 요구로 수업료 인하까지 하는 상황이 벌어졌다. 온라인 수업의 질이 오프라인 수업보다 떨어진다고 보기 때문이다.

"의외로 온라인 수업을 선호하는 학생도 꽤 있어요."
"왜요?"
"하루에 2시간씩 통학 시간을 절약할 수 있잖아요."
"그렇네요. 밥도 사 먹어야 하고 차비도 드니까요."
"어떤 학생은 짬짬이 국가고시 공부를 하더군요."
"캠퍼스 라이프를 원하는 학생들은 실망이 크겠죠."
"네, 참 안타까운 현실입니다."

학생들이 학수고대하는 대면 수업. 코로나 사태가 진정되기 전까지는 대면 수업이 최선의 선택이 아닐 수도 있다. KF94 마스크를 쓴 교수들의 목소리가 학생들에게 얼마나 잘 전달될 수 있는가 하는 의문점이 있다. 마스크를 쓴 학생들의 질문도 잘 알아듣기 어려울 것이다. 모든 수업 참가자들이 마스크를 쓴다면, 서로 이해하는 일이 쉽지 않을 것이다. 특히 3시간 이상 연강하는 교수들은 1시간 마다 마스크를 교체해야 할지도 모른다.

급변하는 상황에서 적응하기란 쉽지 않다. 모든 문제를 해결해주는 정답은 없다. 모든 일에는 장단점이 있기 때문이다.

"온라인 강의에 대한 안 교수님의 총평은 뭔가요?"
"가깝고도 멀다! 많은 이야기를 나눠서 가깝게 느껴지지만 물리적으로 멀리 떨어져 있죠."
"단점은 뭐라고 생각하세요?"
"수업집중도를 높이기 어려울 때가 있어요."
"자리를 비우거나 딴짓을 하는 학생들이 있죠?"
"버스를 타고 이동하는 학생들도 있어요."
"어떻게 해결하시죠?"
"학생들 이름을 한 명씩 부르면서 계속 질문하죠."
"가만히 두지 않으시군요. ㅋㅋ"
"의외로 장점도 많아요."
"구체적으로 뭔가요?"
"대화시간이 길어졌죠. 대면 수업에서는 학생당 1~2분밖에 안 되죠."
"그렇긴 하네요."
"학생들이 편하게 질문하죠."
"화면을 보면서 대화하는 건 불편하지 않나요?"
"처음에는 어색해하지만, 곧 편해지죠."

코로나 사태가 가져온 온라인 수업은 많은 사회적 파장을 일으키고 있다. 대부분의 교수들은 팬데믹 사태가 진정이 된 후에도 온라인 수업 형태가 계속 폭넓게 활용될 것이라고 예상한다. 100% 온라인 수업보다는 온라인과 오프라인을 혼합한 하이브리드 형식의 수업이 늘어날 것으로 보인다.

협상 과정에서 상황 변화에 유의할 필요가 있다. 상대방보다 앞서가는 것이 중요하다.

"메타버스에서 강의하시는 교수님도 계시던데요!"
"우와! 어떤 과목이요?"
"경제학 과목인데 학생들 사이에서 반응이 좋대요."
"텍스트로 대화를 하면 불편하지 않나요?"
"아뇨, 자기 목소리로 말할 수 있어요."

미래를 정확히 예측할 수 있다면 전략적으로 유리한 위치를 선점할 수 있다. 위 사례처럼 코로나 팬데믹으로 인해서 온라인 수업이 보편화되고 그 장단점을 미리 분석하고 장점(친밀도 상승)을 극대화하고 단점(집중력 약화)을 최소화하는 전략을 짜는 것이다.

대면 수업이 아니면 비대면 수업이라는 이분법적인 사고방식을 벗어나야 한다. 온라인 수업 플랫폼의 발전방향(하이브리드 수업)을 예측하고 새로운 방식(메타버스)으로 수업효과를 극대화하는 원원전략이 필요하다.

최적대응이란, 상대방의 전략에 대해서 가장 높은 보수를 얻을 수 있는 전략이다. 더 나아가서 상호 간의 최적대응이 하나의 상황에서 이뤄질 때 '내시 균형'이라고 부른다. 게임이론으로 노벨상을 수상한 수학자 존 내시의 이름을 딴 것이다. 상대방이 대응을 바꾸지 않는 이상 자신도 바꾸지 않는 것이다. 주어진 조건에서 현재의 선택이 최선이기 때문이다.

예상보다 협상 기간이 길어지는 경우가 있다. 기업 간의 비즈니스 협상은 수개월씩 국가 간의 통상 협상은 수년씩 걸린다. 협상 기간이 많이 길어지면 중간중간의 상황변화에 유의해야 한다. 이전 상황은 빨리 잊고 새로운 상황에서 자신에게 유리한 것과 불리한 것을 파악해서 협상 전략을 적절히 수정해야 한다.

협상의 주도권을 쥐기 위해서는 상대방보다 멀리 보는 넓은 시야가 필요하다. 최대한 멀리 내다보고, 신속하게 변화에 적응해야 한다.

보수 : 합리적인 절충안을 제시하라

　게임이론의 네 번째 요소는 보수이다. 보수란, 행동으로부터 발생하는 이익 또는 혜택을 말한다. 모든 길은 로마로 통한다. 가장 빠른 길을 찾는 전략이 필요하다. 제한된 합리성의 고정된 틀을 깨고 나오는 창조적인 접근방식이 효과적이다.

　출퇴근 시간의 지하철은 '지옥철'이라고 부른다. 몸을 제대로 가눌 수 있는 공간 확보가 어렵다. 지나치게 높은 승객 밀도가 불쾌 지수를 높인다. 여름철에는 더욱 그렇다. 승객마다 선호하는 희망 온도가 각자 다르다. 체감온도가 다르기 때문이다.

"뭐야, 에어컨은 장식으로 있는 거야!"
"더워 죽겠는데 왜 자꾸 끄는 거야!"
"추운 사람은 약냉방칸에 가면 되잖아."

지하철 칸의 고유번호가 공개되어서 실시간으로 승객들의 반응을 파악할 수 있다. 과학기술의 괄목할 만한 성장이 오히려 승객 간의 갈등을 조장한다. 어떤 사람은 너무 덥다고 에어컨을 틀어달라고 하지만 또 다른 사람은 너무 춥다고 에어컨을 꺼달라고 한다. 만약 햄릿이 서울 지하철 운전사로 일한다면, 이런 고민을 할 것이다.

'(에어컨을) 켤 것인가 말 것인가 그것이 문제로다!'

여름철 지하철 안에는 두 부류의 승객이 있다. 체감온도의 차이다. 객실이 춥다는 부류와 덥다는 부류이다. 과연 여기에서 객관적인 기준은 무엇일까? 지하철공사는 딜레마에 빠진다. 객실 온도를 낮춰도 욕먹고 올려도 욕먹는다. 어차피 두 부류를 동시에 만족시킬 수 있는 완벽한 대안은 없다. 결국 아무도 만족 못 하는 현실적인 절충안을 제시한다.

"에어컨과 선풍기를 교대로 가동하고 있습니다."

지하철 안내방송이 나온다. 빗발치는 민원으로 지하철 운전사가 직접 방송한 것이다. 객실 온도 자체를 바꾸기보다는 손님들에게 최선을 다하는 모습을 보이는 전략을 구사하는 것이다. '너무 춥다' 파는 차가운 에어컨 바람이 몸에 직접 닿는 것을 제일 싫어한다. '너무 덥다' 파는 차가운 에어컨 바람이 자신에게 안 와서 화를 낸다.
결국 에어컨 바람이 핵심이다. 차가운 에어컨 바람을 어떻게 순환시키는가가 관건이다. 에어컨 가까이 있는 사람에게는 줄이고, 멀리 있는 사람에게는 늘리는 것이다. 에어컨-선풍기 순차 가동은 합리적인 절충안이다. 물론 양쪽 다 만족하지 못하는 측면도 있다.

　협상에서도 가장 중요한 핵심사항을 정확히 파악해서 절충안에 반영하는 과정이 필요하다. 만약 핵심사항을 정확히 모를 경우에는 원점으로 돌아가는 방법이 있다.

원점으로 돌아가라

　장롱에서 오래된 키보드를 찾았다. 30여 년 전 미국에서 구입한 것이었다. 구입할 때 받은 전원 어댑터는 온데간데없었다. 건전지 넣은 곳을 찾기 위해서 키보드를 뒤집었다. 'D 사이즈 1.5v x 6' 요즘에는 구하기 힘든 아이 주먹 크기만 한 건전지가 무려 6개나 들어간다. 건전지를 하나씩 조심스럽게 한 줄로 밀어 넣었다. 혹시 건전지 통 스프링이 부식해서 부서지기라도 할까봐 걱정이 되었다.

　30여 년이라는 세월의 무게에 섣부른 판단은 금물이다. 세월에는 장사가 없다. 키보드를 바로 세운 후, 전원스위치를 켰다. 짜잔! 놀랍게도 키보드는 정상적으로 작동이 되었다. 며칠간 신명 나게 키보드를 치다가 문득 이런 생각이 들었다. 건전지를 너무 오래 넣어두면 키보드를 못 쓰게 될 수가 있다. 전용 어댑터를 구해보기로 결심했다.

　인터넷 쇼핑몰에서 검색을 해봤다. 워낙 오래된 기종이라서 조회하기는 오히려 쉬웠다. 검색 결과가 거의 안 나오기 때문이다. 찾던 기종과 일치하는 어댑터를 생각보다 빨리 찾았다. 참 편리한 세상이야! 기쁨도 잠시, 브라우저를 아래로 스크롤링하면서 긴 한숨이 흘러나왔다.

해외배송이라서 도착 예정일이 무려 한 달 후였다. 빠른 배송에 이미 길들여진 나에게 한 달이란 시간은 마치 백 년처럼 느껴졌다.

'헐, 이건 아닌데!'

접근방식을 바꿔봤다. 호환 가능한 국산 어댑터를 찾아보자. 인터넷 포털사이트에서 검색해보았다. 여기저기를 훑다 보니 비슷한 전원 어댑터를 판매하는 국내기업을 찾았다. 기술적인 문제가 발생했다. 찾고 있던 키보드 사양과 조금 달랐다. 전압과 전류가 모두 달랐다. 12볼트 2000mA를 찾고 있었는데 10볼트 1500mA 밖에 없었다. 잠시 고민을 하다가 국내업체에 직접 문의해보기로 했다.

"OOO 키보드 전원 어댑터가 있으신가요?"
"어느 모델인가요?"
"OOO-48인데요."
"확인해보겠습니다!"

잠시 후, 담당 직원이 돌아왔다.

"혹시 인터넷 쇼핑몰에서 보고 연락을 주신 건가요?"
"네. 그런데 제품 사양이 잘 안 맞는 것 같아서요."
"어떻게요?"
"12볼트 2000mA를 찾는데요. 10볼트 2500mA 제품만 있던데요."
"네, 그렇습니다."

"사용해도 될까요?"
"안 됩니다. 전원 사양에 꼭 맞는 제품을 쓰셔야 합니다."
"혹시 회사제품 중에 있는지 확인이 가능할까요?"
"네, 담당 엔지니어에게 메모를 남기겠습니다."

친절한 직원 덕분에 고민거리가 손쉽게 해결되는 듯했다. 그런데 예상치 않은 이야기를 꺼냈다.

"연결 잭 크기를 확인하셔야 합니다."
"다 같은 거 아닌가요?"
"1밀리라도 다르면 안 됩니다."
"직접 재봐야 하나요?"
"제조회사 A/S센터에 문의해보세요."
"치수를 모르시나요?"
"전원 어댑터 잭 크기는 공개하지 않습니다. 저희 회사도 마찬가지입니다."

국내업체 직원의 말을 들어 보니, 경쟁사에 알리지 않는 '영업비밀'이라는 사실을 알게 됐다. 전원 어댑터 하나를 구입하기가 이렇게 힘들다니! 지금 포기하면 여태까지 투자한 시간이 너무 아깝다는 생각이 들었다. 결국 OOO 키보드 한국지사에 전화를 걸었다.

"전원 어댑터를 구입하려고 하는데요."
"어느 모델인가요?"

"아주 오랜된 건데요."

"얼마나요?"

"30년 쯤······."

"모델명을 말씀해주셔야 확인할 수 있습니다."

"OOO-48입니다."

"(잠시 후) 네, 찾았습니다."

"언제쯤 받을 수 있을까요?"

"오늘 금요일이니까, 입금해주시면 월요일에 발송해 드립니다."

너무나도 기뻤다. 며칠간 고생한 보람이 생겼다. 그것도 거의 익일배송 수준의 스피드로 말이다. 괜히 헛고생했다는 생각이 들었다. 처음부터 한국지사에 문의를 했다면 5분 만에 해결될 수 있었기 때문이다.

30년이나 지난 모델이 아니라 최신 모델이었다면 아마도 그렇게 했을 것이다. 30년이 흘렀다는 단순한 사실에 매몰되어서 원점에서 계속 멀어진 것이다. 내가 스스로 만든 제한된 합리성의 수렁에 빠진 격이다. 제한된 합리성에 너무 집착하면 사건의 본질을 놓칠 수 있다. 타임라인을 꼼꼼하게 만들어서 처음부터 순서대로 하나씩 확인해보는 것이 바람직하다.

협상에서도 비슷한 원리가 적용된다. 아무리 복잡한 협상도 원점에서 시작하는 것이 중요하다. 특히 양측 의견이 첨예하게 대립하여 접점을 찾을 수 없거나 협상 자체가 너무 복잡하게 돌아갈 경우에는 원점으로 돌아가서 다시 생각해보는 것이 효과적이다. 초심으로 돌아가는 것처럼 말이다.

진정성 있는 조건을 제시하라

얼마 전 알고 지내던 한 변호사 친구한테서 연락이 왔다. 해외투자 업무를 같이 했던 적이 있다. 대형로펌에서 중소로펌으로 옮겼고, 최근 파트너로 승진했다고 자신의 근황을 전했다. 지금 다니는 로펌규모가 작아서 미국 변호사가 없다고 했다.

"혹시 프랜차이즈 계약업무도 해보셨나요?"
"물론이죠."
"새로운 클라이언트가 생겼어요."
"어느 분야인가요?"
"미용회사죠."
"오, 케이뷰티 산업이군요."
"네, 요즘에 그렇게 부르죠."
"어느 나라인가요?"
"미국 뉴욕에 있는 미용실 체인입니다."
"혹시 교포 회사인가요?"
"네."
"규모는요?"
"뉴욕과 LA에 여러 개를 운영하죠. 국내 미용실과 프랜차이즈 계약을 체결하려고 합니다."
"충분한 수요가 있을까요?"
"요즘은 K-Pop 열풍이 불어서 미국인들도 케이뷰티에 관심 많아졌대요."

며칠 후, 클라이언트 미팅에 같이 참석했다. 클라이언트 회사에서 담당상무가 나왔다. 처음에는 약간 놀랐다. 뷰티업계에 발을 들이기 전에는 건설업 법무팀에서 오래 근무했다고 들었다. 뷰티회사와 건설회사는 왠지 거리가 멀게 느껴졌는데 정작 만나 보니 상당히 적합한 인물이라는 생각이 들었다.

"저희는 대형 회사이지만 지점을 막 열진 않습니다."
"네."
"양보다는 질이 중요하다고 생각하기 때문이죠."

상무는 회사 대표 이야기를 해줬다. 20대에 유명한 스타일리스트로 홀로서기를 시작해서 30대에 뷰티회사 사장이 되고 국내에서 손꼽는 업체로 키웠다고 했다. 이번 기회에 미국진출을 고려한다고 했다. 문제는 해외진출 실패라는 뼈아픈 기억을 가지고 있다는 점이었다. 상무는 마치 고해성사를 하듯 나지막한 목소리로 말했다.

"몇 년 전에 중국에 진출했었죠."
"어떻게 되었나요?"
"고생하다가 결국 문을 닫았죠."
"인력 문제인가요?"
"네, 현지에서는 숙련된 스타일리스트를 구하기 어렵죠."
"국내에서 보내면 되지 않나요?"
"헛수고했죠."
"왜요?"

"국내 스타일리스트들이 안 가려고 해요."
"해외 근무를 선호하지 않나요?"
"아니요. 말도 안 통하고 답답해합니다."

듣다 보니 미용업계도 '케이뷰티' 열풍으로 해외에서 러브콜을 많이 받고 있었다. 해외 진출의 적기라고 볼 수 있다. 문제는 어떠한 조건으로 계약을 체결하는가이다. 영어표현 중에 '악마는 디테일에 있다'라는 말이 있다. 계약서 세부내용의 중요성을 강조하는 표현이다. 해외 진출 여부를 결정하기 위한 확실한 기준이 필요했다. 클라이언트 회사 대표의 입장이 궁금해졌다.

"대표님이 중요하게 생각하시는 점이 있나요?"
"하나 있습니다."
"그게 뭔가요?"
"국내 프랜차이즈 조건도 동일하게 하라."
"만약 그렇게 안 되면요?"
"그냥 접으라고 하셨습니다."

해외 진출 경험이 부족한 회사 입장에서 최소한의 마지노선으로 국내 계약조건을 들고나왔다. 최소한 국내 조건과 같지 않으면 업무 진행을 하지 말라고 했다. 명확한 경영자의 방침을 듣고 나니 오히려 속이 후련해졌다. 프랜차이즈 성사 여부를 확실히 구분할 수 있기 때문이다. 만약 가장 유리한 조건을 원했다면 훨씬 더 힘들어졌을 것이다. 협상 조건이란 주관적인 측면이 있어서 클라이언트의 기대치를 만족시키는 일이 쉽지 않다.

클라이언트가 무엇을 원하는지를 파악하기도 어려울 수 있다.

집에 돌아와서 상대측이 보내온 계약서 초본을 꼼꼼히 검토해보았다. 잠시 후 놀라운 조항들을 발견했다. 일방적으로 불리한 독소조항이 여러 개 있었기 때문이다. 독소조항이란, 계약서 내용 중에서 일방적으로 불리한 조항을 말한다. 그것도 너무나도 잘 보이게 말이다.

순간 헛웃음이 나왔다. 국내 회사를 너무 우습게 본 것 아닌가? 이렇게 말도 안 되는 조건을 제시한다는 것 자체가 황당했다. 초안대로 했다가는 완전히 뒤통수를 맞게 되기 때문이다.

"a royalty of $5,000 per year"

앗. 이게 뭐지! 계약서 내용을 읽어 내려가다가 갑자기 멈췄다. 상대편에서 제시한 로열티 금액이 터무니없이 낮아서이다. 일 년에 5,000불이면 약 500만원이고 한 달에 약 40만원이다. 서울시에서 조그마한 점포 월세도 안 되는 가격이다.

처음에 잘못 읽은 줄로 알고 여러 번 다시 읽었다. 국내 미용업계에서 다섯 손가락 안에 들어가는 대형 미용실과 프랜차이즈 계약을 체결하겠다는 교포 회사가 제시한 로열티 금액은 터무니없었다.

흥분을 가라앉히고 계약서를 다시 읽어 내려갔다. 적용 범위는 더욱 황당했다. 미국 매장 수에는 제한이 없고 인터넷 쇼핑몰을 운영할 수 있게 되어 있다. 계약조건대로 적용된다면 교포 회사는 추가 로열티 없이 매장을 무제한 늘릴 수 있다. 국내업체가 이미 운영 중인 온라온 쇼핑몰도 문을 닫아야 한다. 인터넷 쇼핑몰 독점 운영권을 주기 때문이다. 더 이상 읽을 필요도 없었다. 친구 변호사에게 급히 전화를 걸었다.

"이대로는 절대 안 됩니다!"

단호한 태도에 그 친구는 약간 놀랐다. 독소조항을 하나하나 설명해주었더니만 그 친구도 상당히 흥분했다. 화가 난다고 해도 클라이언트 거래를 그냥 날려버릴 수는 없는 상황이다. 진행을 하더라도 대대적인 수정이 불가피했다.

"사실 제가 그 로펌을 압니다."
"어떻게요?"
"방송에 자주 나오죠."
"매스컴 자주 타면, 좋은 로펌 아닌가요?"
"주로 반대편을 대리하죠."

그 미국 로펌의 국내 업계 평판은 그리 좋지 않았다. 미국에서 교민 업체를 대리하는 경우가 대부분이다. 국내업체와 반대편에 서는 경우가 자주 있다. 이번 계약서는 로스쿨 학생도 웃고 지나갈 정도로 황당하다. 이럴 때는 협상의 주도권을 잡아야 한다. 친구 변호사에게 제안을 했다.

"국영문 계약서 두 개를 작성하자고 하시죠."
"혹시 서로 차이가 나면요?"
"국문 계약서가 우선한다고 못을 박아야죠."

상대편 로펌에 클라이언트가 수용할 수 있는 계약조건을 제시했다. 일전에 담당 상무가 말한 대로 클라이언트의 국내 프렌차이즈 계약조건을 그대로 적용했다. 국문 계약서 초안을 작성하기 전에 관련 사항에 대한 요약본을 이메일로 보냈다. 2주일 후, 교민 로펌에서 짧은 답장이 왔다. 출장 때문에 늦게 답장을 했다면서 그 조건으로는 성사가 어렵다고 했다. 예상한 그대로의 답변이다. 친구 변호사가 물었다.

"어떻게 아셨죠?"
"상대 로펌이 간 본 것이죠."
"왜죠?"
"터무니없는 계약조건을 제시해서 반응을 보는 거죠."
"……."
"속아 넘어가면 좋고, 아니면 다른 업체에 연락하는 거죠."

성공적인 협상을 위해서는 현실적인 절충안을 제시해야 한다. 절충안을 통해서 상대방에게 진정성을 보여줘야 신뢰를 얻을 수 있다. 만약 조그마한 이익을 취하기 위해서 신뢰를 잃는다면 모든 것을 잃을 수 있다. 협상만 실패하는 것뿐만 아니라, 협상가로서 실패할 수 있다.

악마는 디테일에 있다. 상대방에게 진정성을 보여주기 위해서는 협상조건에서 상대방에 대한 배려를 보여줘야 한다.

상호신뢰가 필요하다

국제대학원 협상수업 강의 시간 중에 한 학생이 물었다. 평소 게임이론에 심취돼 보였던 학생은 죄수의 딜레마를 무척 흥미롭게 생각하고 있었다.

"교수님, 사슴사냥 게임이 뭔가요?"
"게임이론 중에 하나지요."
"죄수의 딜레마와는 어떻게 다르죠?"
"참가자가 달라요. 죄수가 아니라 사냥꾼이죠."
"사냥꾼의 특징은 뭔가요?"
"행동의 자유가 있고 상호신뢰도에 따라 결과가 다르죠."
"신뢰도를 어떻게 알 수 있죠?"
"사냥도구를 확인하면 되지요."

사슴사냥 게임에는 두 명의 사냥꾼이 등장한다. 협력하면 사슴을, 비협력하면 토끼를 잡는다. 사슴사냥 게임의 핵심은 두 사냥꾼이 협력하여 보다 큰 이득(사슴고기)을 추구하는 것이다. 대립이 아닌 협력을 통해서 서로의 이익을 극대화할 수 있는 게임구조이다. 서로 배신해서 손해 보는 죄수의 딜레마와는 다르다.

사슴사냥 게임의 규칙은 이렇다. 사냥 연습장에는 세 마리의 동물이 있다. 사슴 한 마리와 토끼 두 마리. 사냥꾼은 각자 한 종류의 사냥도구만을 챙긴다. 사슴 한 마리의 고기 양은 토끼 두 마리의 양을 합친 것보다 많다. 사슴을 사냥하려면 반드시 함께 추격해야 한다. 토끼사냥은 각자 할 수 있다. 둘이 함께하면 각자 한 마리씩, 혼자 하면 두 마리를 독차지한다.

"교수님, 사냥꾼이 거짓말을 하면 어떻게 되나요?"
"재미있는 질문이네요."
"죄수의 딜레마의 거짓말쟁이 경찰이 떠올라서요."
"양치기 경찰이 이간질을 하는 게임이죠. 사슴게임에서는 상대방의 사냥도구를 미리 알 수 없지요."
"만약 가능하다면요."
"사슴을 잡자고 제안하고 혼자 두 마리 토끼를 독차지하는 거죠."
"어떨 때 그럴까요?"
"처음부터 상대방을 신뢰하지 않을 경우죠."
"상대방은요?"
"빈손으로 돌아가는 거죠. 쓸쓸히 배신당한 채."

사슴사냥 게임에는 두 종류의 위험이 존재한다. 사슴이 다시 나타나지 않는 것과 다른 사냥꾼이 약속을 어기고 혼자 토끼 두 마리를 독차지하는 것이다. 두 마리 토끼를 잡는다면 혼자 배불리 먹겠지만, 덫은 낭비되고 뒤통수를 맞은 사냥꾼은 쫄쫄 굶게 된다. 사슴사냥 게임에는 바로 이 뒤통수 위험부담이 있다. 국가 간의 통상 협상에서도 비슷한 뒤통수 상황이 발생한다.

"끔찍한 거래이다. 그리고 우리는 그 거래를 재협상 또는 파기할 것이다."

2017년 2월 도널드 트럼프 대통령이 취임한 후, 미국의 통상정책에 대변환이 일었다. 같은 해 4월 트럼프 미국 대통령은 로이터 통신과의 인터뷰에서 한·미 자유무역협정(FTA)을 "끔찍한 거래"라고 부르면서 강력히 비판했다. 자신의 대선 경쟁자였던 힐러리 클린턴이 국무장관 재직 당시 타결한 점을 강조하면서 "재협상 또는 파기"의 강경한 입장을 취했다.

"바이 아메리카, 하이어 아메리카(Buy America, Hire America)."

그의 선거공약의 핵심은 미국 우선주의이다. 기본원칙은 미국제품을 구입하고 미국인을 고용하는 것이다.

한국정부는 한·미 FTA의 "재협상 또는 파기"라는 딜레마에 빠졌다. 어느 한쪽을 선택해도 부작용이 만만치 않은 상황이었다. 트럼프 행정부가 주장했던 그들 기준의 '공정한 협상'도 문제다. 국회비준 여부는 불확실하고 정치적 책임공방을 피하기 힘들 것이었다. 만약 파기가 될 경우 미국 시장에서 한국산 제품의 가격경쟁력 약화로 수출 위주의 국내경제에 악영향을 미칠 것이다.

한참 트럼프 대통령의 통상정책에 대해서 열변을 토하자 강의를 듣고 있던 다른 학생이 날카로운 질문을 했다.

"한·미 FTA를 파기하면 미국도 손해 아닌가요?"
"맞습니다. '바이 아메리카' 정책과도 정면으로 배치되죠."
"어떻게요?"
"미국 내수시장에서 손해입니다."
"왜죠?"
"중국, 일본 등 다른 아시아국가 상품들이 빈자리를 메울 겁니다."

"미국제품의 가격경쟁력이 약해서이군요?"
"맞습니다. 한국 시장에서도 손해죠."
"아하! FTA를 유지하는 유럽산 상품에 밀리겠네요."
"네! 집토끼는 남 주고, 산토끼는 놓친 셈이죠."

참가자들의 피해를 최소화 하는 죄수의 딜레마와는 달리 사슴사냥 게임은 참가자들의 이익을 극대화한다. FTA는 체결국 간의 주고받는 관세 혜택을 통한 윈윈 전략이다. 트럼프 대통령의 복심은 무엇일까? "재협상 또는 파기"라는 극단적인 표현으로 썼지만, 보호무역주의 입장이 확고했다. 궁극적으로 자국에게만 유리한 상황을 연출하는 것이다.

수입관세를 인상해서 자국산업을 보호하고, 미국의 정치력과 경제력으로 한국의 수입관세를 낮춰서 미국 수출기업을 돕는 것이다. 자국 시장과 해외 시장인 두 마리 토끼를 동시에 잡는 것이다.

"교수님, 트럼프 노믹스가 뭔가요?"
"트럼프의 경제정책이죠."
"바이 아메리카 같은 거죠?"
"네, 적용 범위가 상당히 넓죠."
"파트너국가들과 마찰이 생기지 않을까요?"
"바로 그게 문제죠. 파트너들의 신뢰를 잃게 되죠."

사슴사냥 게임은 '신뢰의 딜레마'라고도 불린다. 두 사냥꾼의 상호신뢰도에 따라 다른 결과가 나온다. 상대방의 결정을 미리 알 수 없지만, 다양한 루트를 통해서 서로 소통하는 것이 매우 중요하다. 바로 이 부분이 죄수의 딜레마와 가장 큰 차이점이다. 서로 배신할 수밖에 없는 죄수의 딜레마를, 서로 협력하여 더 큰 이익을 나누는 사슴사냥 게임 프레임으로 바꾸는 전략과 기술이 필요하다.

공동의 목표를 설정하라

"신사분들, 그녀가 왔습니다."
"후~ 심호흡 크게 해야지."
"내시, 잠깐만 논문 좀 그만 뒤적거려."
"너희에게 맥주를 안 쏠 거야."
"여기 맥주 마시러 온 게 아니야."
"오호. 금발이 매력 있다고 느끼는 사람 더 없니?"

영화 〈뷰티풀 마인드〉에서 주인공 존 내시(러셀 크로우)는 친구 네 명과 맥주바에 모인다. 건너편에 등장한 다섯 명의 젊은 여성들을 발견하고 긴급작전회의에 돌입한다. 5대 5. 남자 다섯 명에 여자 다섯 명이다. 다섯 남자는 모두 1대 1 데이트가 가능하다. 예상치 않은 문제가 발생한다. 다섯 모두가 한 명의 금발미녀에게 홀딱 반한다. 사태의 심각성을 감지한 한 경제학과 친구가 분위기를 바꾼다.

"너희들 아무것도 기억 못 하니?"
"(경제학의 아버지) 아담 스미스의 가르침을 기억해봐!"

"(한목소리로) 개개인의 야망은 경쟁을 통해서 공공의 이익에 이바지한다!"
"바로 그거야."
"각자 자기 자신을 위해서 경쟁하지."

공공의 이익이란 무엇인가? 모든 구성원에게 나눠지는 이익이다. 경제학과 출신 친구 네 명과 수학과 출신 존 내시는 완전히 다른 분석을 한다. 경제학도들은 긍정적인 평가를 내린다. 아담 스미스의 명언처럼, 개개인의 경쟁으로 모두에게 이익이 돌아간다고 믿기 때문이다. 행운의 여신이 자신을 선택할 것이라고 굳게 믿는다. 금발미녀의 속마음은 아랑곳없이.
　수학과 출신의 존 내시의 생각은 달랐다. 그의 친구들은 모두 실패할 수밖에 없다고 경고한다.

"아담 스미스의 이론은 수정이 필요해."
"뭔 소리야!"
"만약 우리가 모두 금발미녀를 쫓으면, 서로 방해하게 되지."
"……"
"단 한 명도 그녀를 얻지 못해."

파티는 끝났다. 샴페인을 너무 일찍 터트린 것이다. 공익은 없다. 철저하게 개인의 사익만 있을 뿐. 과연 왜 그럴까? 사랑은 그 누구와도 나눌 수 없다. 더 큰 문제는 그다음이다. 퇴짜를 맞은 친구들은 나머지 여성들에게 데이트를 신청하겠지만 냉대당할 것이다. 자신들이 '차선'이라는 사실에 크게 자존심이 상할 것이기 때문이다.

무언가 영감을 얻은 듯 존 내시는 혼자 외친다.

"불완전한 이론이야. 오케이?"
"……."
"최선의 결과는 구성원 모두가 자신뿐만 아니라 그룹을 위해서 최선을 다해야만 해."

게임이론은 참가자 개개인과 그룹 전체의 이익을 동시에 고려한다. 그룹을 위한 개개인의 희생이 따른다. 존 내시는 허겁지겁 맥주바를 떠나면서 금발미녀에서 고맙다고 말한다. 영문도 모르는 금발미녀는 황당한 표정을 짓는다.

아담 스미스의 경제학 이론은 개개인의 최선을 강조하지만, 게임이론은 그룹 차원에서의 최선을 함께 고려한다. 더 나아가 자신의 의사결정에 앞서서 상대방의 행동을 먼저 고려한다. 상대방의 의사결정이 자신의 의사결정에도 영향을 준다.

영화 〈뷰티풀 마인드〉의 맥주바 장면처럼, 다수의 참가자가 서로 협력하지 않는 경우도 실제 협상 상황과 비슷한 점이 많다. 존 내시에게 묻고 싶다.

"왜 맥주바에서 뛰쳐나가셨나요?"
"영감이 떠올라서요."
"돌출행동이 아닌가요?"
"쩝, 그게……."
"선생님도 아담 스미스랑 똑같습니다."

"왜죠?"

"개인의 이익에만 집착하신 거죠. 그룹은 저버린 채."

존 내시는 두 가지 사실을 간과했다. 첫째, 그룹 구성원의 범위가 달랐다. '자신을 제외한' 다른 친구 네 명의 경쟁구도로 생각했다. 자신은 폭탄 처리반처럼 금발미녀에게 작별 인사를 하고 유유히 사라졌다. 둘째, 그룹을 위한 선택에는 참가자 개개인의 희생이 따른다. 맥주바에 남아 있는 친구 네 명 모두는 금발미녀를 포기해야 한다.

두 가지 사실을 종합해보면, 존 내시만이 금발미녀에게 대시할 수 있다. 나머지 친구들은 금발미녀와 그녀 친구들에게 모두 버림을 받기 때문이다. 적어도 논리적으로 말이다. 게임이론에는 개인과 그룹의 이해 상충이 깔려있다. 개인의 희생을 전제로 한다. 개인의 희생과 집단의 이익은 항상 협상에서 큰 변수로 작용한다.

영화 〈뷰티플 마인드〉의 맥주바 상황에서 공익은 처음부터 없었다. 금발미녀와 데이트를 한다고 해서 나머지 친구들에게 돌아올 실질적인 이익이 없기 때문이다. 사랑은 나눌 수 없고, 데이트 신청은 가치를 창출하는 경제활동이 아니다. 공익이 없는 상황에서 어떻게 친구들을 설득할 수 있을까?

"이길 수 없다면, 합류하라."

유명한 영어속담이다. 상대방을 이길 수 없다면 힘을 합치라는 뜻이다. 공동의 목표를 설정하고 함께 가는 것이다. 협상 과정에서 상대방을 설득하는 방법 가운데 하나이다. 첨예하게 이해관계가 대립할 경우에 효과적일 수 있다. 상대방이 세세한 사항을 하나씩 물고 늘어질 경우가 있다. 공동의 목표를 명확히 설정해야 한다. 상대방도 기꺼이 동의할 수 있어야 한다. 한쪽에 상대적으로 더 많은 혜택이 돌아갈 수도 있겠으나, 양측에 도움이 되는 경우라면 합의점을 찾을 수 있다.

영화 〈뷰티플 마인드〉 맥주바 장면에서 어떻게 공익을 설정할 수 있을까? 예를 들면 여러 남성팀들을 모집한 후, 금발미녀 그룹한테 선택받은 팀이 맥줏값을 대신 내주는 것이다. 우승팀은 간택의 영광을, 나머지 팀들은 공짜 맥주를 얻을 수 있다. 금발미녀의 선택 여부와 관계없이 구성원 모두 승자가 되고 실질적인 혜택을 얻을 수 있다.

성공적인 협상을 위해서는 참가자의 범위를 고려한 공동의 목표를 수립하는 것이 필요하다. 협상은 서로 입장이 다른 사람들이 모여서 공감대를 형성하는 과정이며 그 결과이기 때문이다.